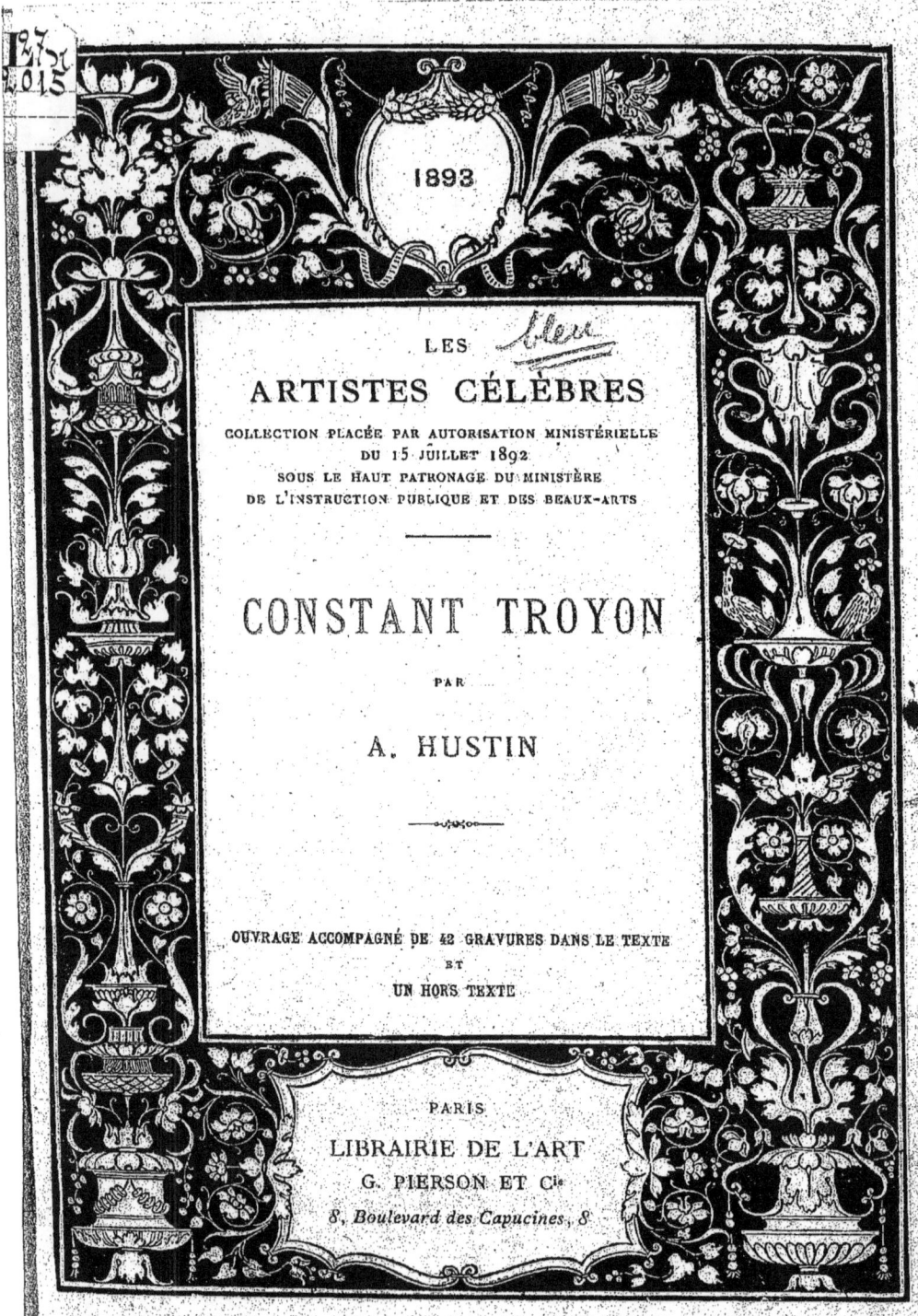

1893

LES ARTISTES CÉLÈBRES

COLLECTION PLACÉE PAR AUTORISATION MINISTÉRIELLE
DU 15 JUILLET 1892
SOUS LE HAUT PATRONAGE DU MINISTÈRE
DE L'INSTRUCTION PUBLIQUE ET DES BEAUX-ARTS

CONSTANT TROYON

PAR

A. HUSTIN

OUVRAGE ACCOMPAGNÉ DE 42 GRAVURES DANS LE TEXTE
ET
UN HORS TEXTE

PARIS
LIBRAIRIE DE L'ART
G. PIERSON ET Cie
8, Boulevard des Capucines, 8

DÉPOSÉ. — TOUS DROITS DE TRADUCTION ET DE REPRODUCTION RÉSERVÉS

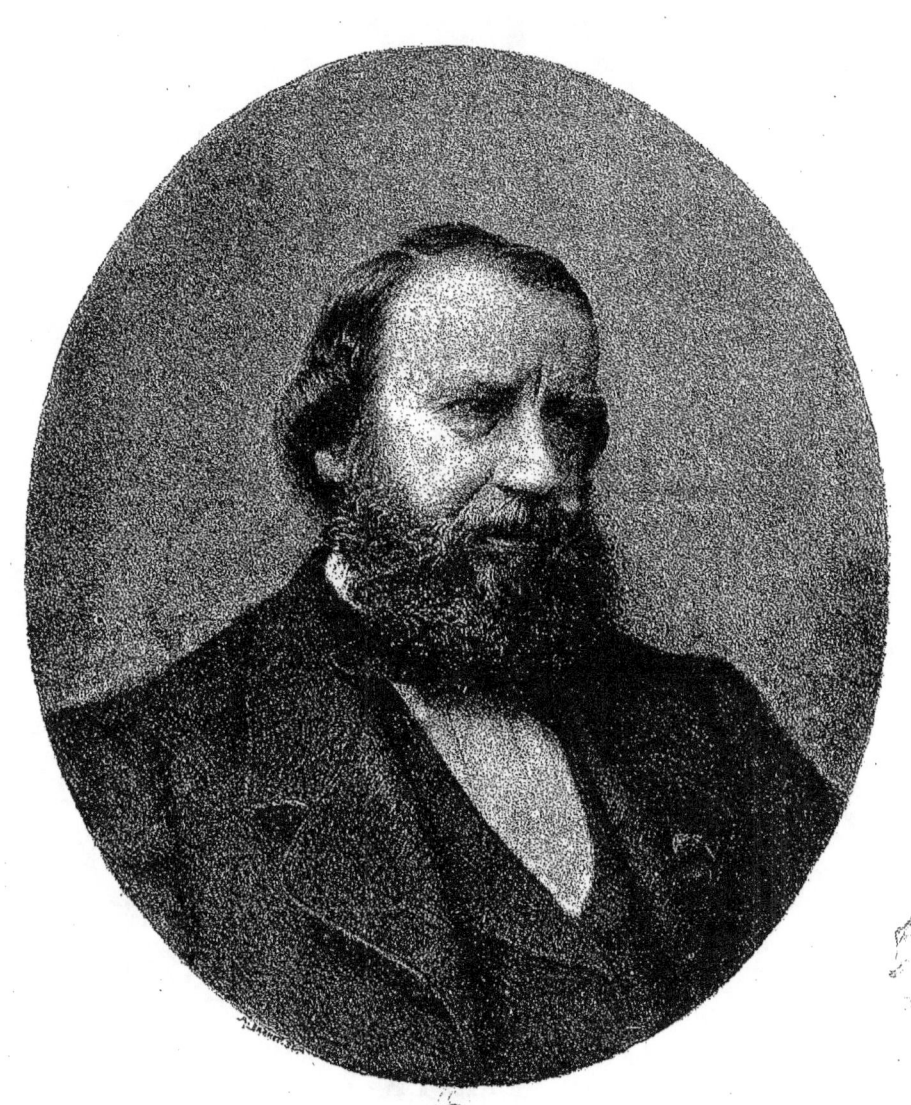

CONSTANT TROYON.

LES

ARTISTES CÉLÈBRES

COLLECTION PLACÉE PAR AUTORISATION MINISTÉRIELLE
DU 15 JUILLET 1892
SOUS LE HAUT PATRONAGE DU MINISTÈRE DE L'INSTRUCTION PUBLIQUE
ET DES BEAUX-ARTS

CONSTANT TROYON

PAR

A. HUSTIN

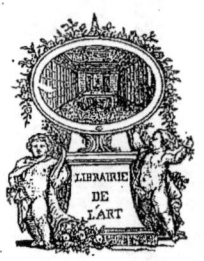

PARIS
LIBRAIRIE DE L'ART
G. PIERSON ET Cⁱᴱ
8, BOULEVARD DES CAPUCINES, 8

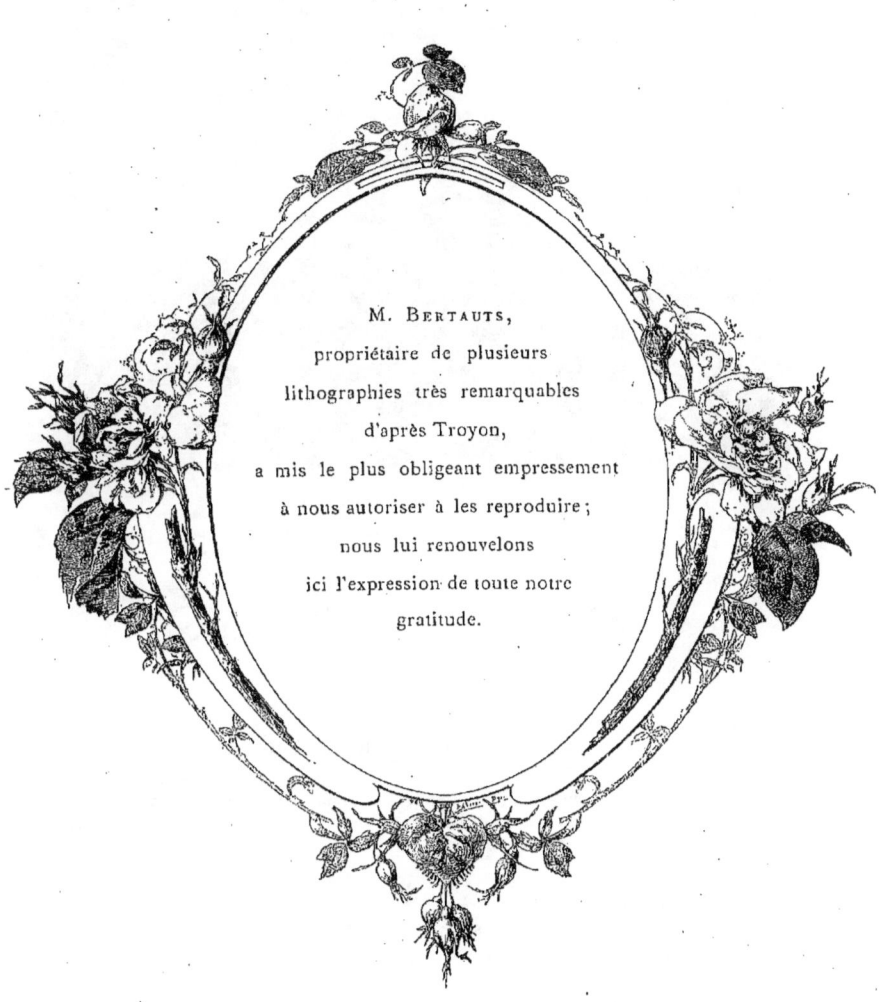

M. Bertauts, propriétaire de plusieurs lithographies très remarquables d'après Troyon, a mis le plus obligeant empressement à nous autoriser à les reproduire ; nous lui renouvelons ici l'expression de toute notre gratitude.

DÉPOSÉ. — TOUS DROITS DE REPRODUCTION ET DE TRADUCTION RÉSERVÉS.

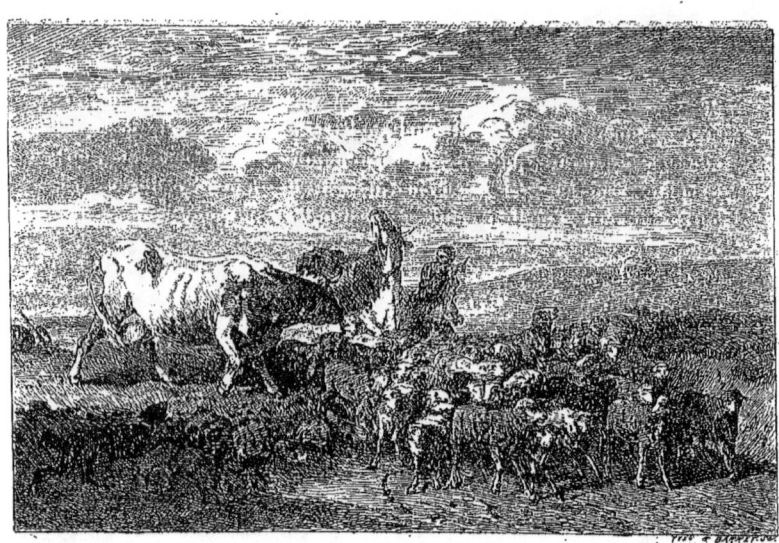

PAYSAN CONDUISANT DES BESTIAUX.
Fac-similé d'une eau-forte de Charles Courtry, d'après Troyon.

CONSTANT TROYON

CHAPITRE PREMIER

La jeunesse de Troyon. — A la manufacture de Sèvres. — Premiers envois au Salon. — Troyon fait la connaissance de Camille Roqueplan. — Voyages dans le Limousin, en Sologne et en Bretagne.

Constant Troyon est né à Sèvres le 28 août 1810. Ses parents, dont la condition était très modeste, occupaient dans la manufacture un logement et un emploi : son père y était peintre décorateur, sa mère, brunisseuse.

En 1817, le père de Troyon succomba. Sa veuve dut chercher, dans un travail supplémentaire, les ressources indispensables pour élever son fils. A ses heures de loisir et avec une abnégation que Troyon sut plus tard reconnaître, elle confectionnait, à l'aide de plumes rares, des petits tableaux, des parures, des oiseaux en miniature où se mêlaient le rubis, le saphir, l'émeraude, et qui prenaient bien vite, dans la malle des visiteurs attirés par cette nouveauté, le chemin de l'Angleterre et de l'Amérique.

Cependant l'enfant grandissait. Le moment approchait où le choix d'un état s'imposerait. Vivant au contact des peintres, sans cesse dans un milieu où l'on ne parlait que de couleur, de forme, Troyon n'eut guère d'hésitation. Il se prononça pour les arts, et son parrain, M. Riocreux, alors conservateur du Musée céramique de Sèvres, l'encouragea dans cette voie. Il lui apprit à dessiner, à peindre des fleurs, dans le but de l'attacher plus tard comme décorateur à la manufacture et de lui assurer la succession de son père. Troyon prit goût à la chose, si bien que son maître dut étendre l'horizon de ses études et confier son élève à un paysagiste de ses amis.

Tout son temps, notre jeune artiste le consacra, dès lors, à faire des études et des croquis d'après nature. Le matin, de très bonne heure, on le voyait partir avec son équipement, s'enfoncer sous bois, y passer des journées entières, peignant, tâtonnant, cherchant sa voie, s'essayant à voir, à bien voir et n'y arrivant guère. Les procédés conventionnels que son nouveau guide lui avait enseignés embarrassaient ses premiers pas. Les détails le préoccupaient outre mesure. Les formules étroites qu'on lui avait imposées le rendaient impuissant à traduire une nature qui lui apparaissait pourtant large et simple. Aussi ses premiers essais au Salon, en 1833, où il exposa la *Maison Colas à Sèvres*, la *Fête de Sèvres*, et *Un Coin du parc de Saint-Cloud,* furent-ils marqués au coin des nombreux défauts communs aux fervents du paysage classique.

Troyon ne se découragea pas cependant. Il s'engagea en lui une lutte dont on put au Salon suivant préciser les étapes. Le hasard devait d'ailleurs le servir et le tirer de cette ornière. Un jour qu'il faisait une étude dans les bois de Saint-Cloud, un inconnu qui peignait à quelques pas de lui s'approcha. Il examina attentivement son ébauche et hasarda quelques observations. Il lui dit, notamment, que ses ombres devraient être plus légères, qu'il fallait voir la masse avant le détail, peindre solidement et ne jamais perdre de vue son ensemble ni son effet. Frappé de la justesse de ces remarques, Troyon demanda à son interlocuteur la

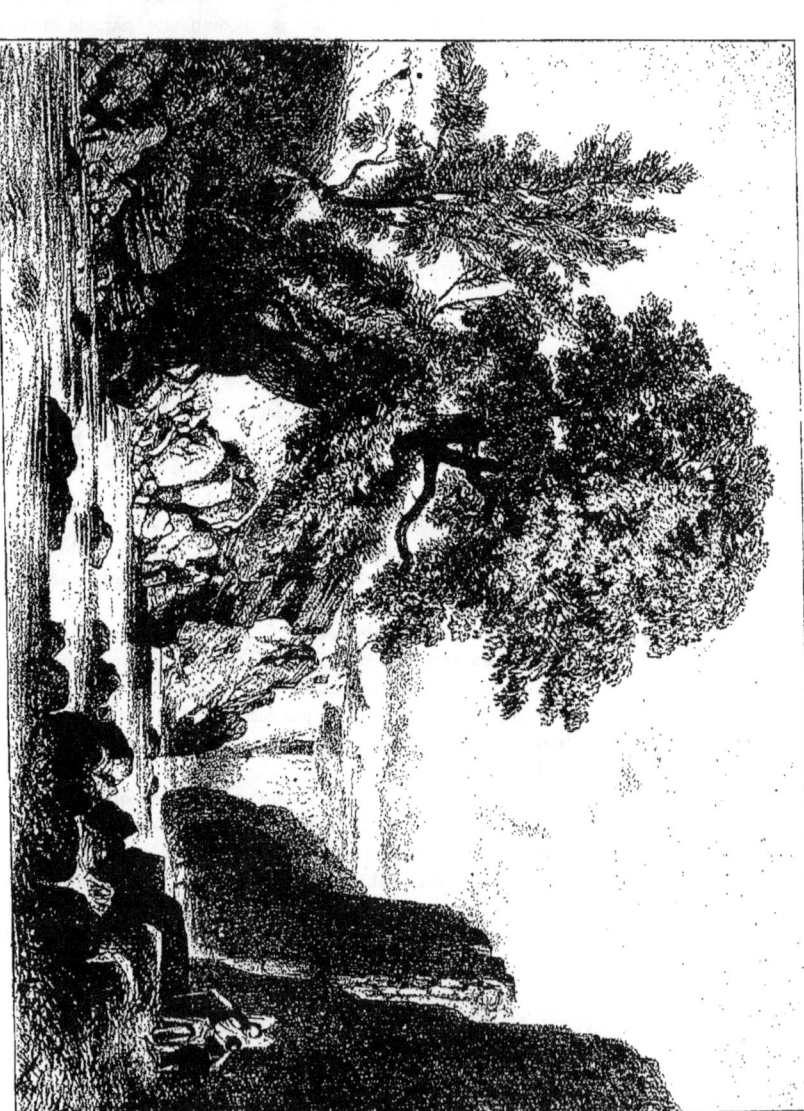

TOBIE ET L'ANGE.
Tableau de Troyon, exposé au Salon de 1841.

permission de faire plus ample connaissance, d'aller surtout, de temps en temps, à son atelier lui soumettre ses essais. Ce qui fut accepté. Une amitié étroite unit bientôt le jeune homme au donneur de conseils, qui n'était autre que Camille Roqueplan.

A partir de ce moment, une voie nouvelle s'ouvrit devant Troyon. Il chercha une manière neuve et si, aux études qu'il fit dans cette période, on put reprocher des ciels plombés, des feuillages épais, alourdis par des empâtements exagérés et inégaux, on y sentit cependant une volonté qui dénotait un tempérament.

Troyon devait d'ailleurs, en voyageant, entrevoir des horizons nouveaux et varier ses impressions. En 1835, après la fermeture du Salon où il avait exposé une *Vue prise à Sèvres*, une *Vue du château de Saint-Cloud* et une *Vue des coteaux* de la même localité, nous le trouvons dans les prairies du Limousin ou sur les bords de la Creuse, d'où il rapporte, pour l'Exposition de 1836, diverses *Vues prises aux environs d'Argenton*. L'année suivante, il s'enfonce dans la Sologne où il peint des *Vues prises à La Ferté-Saint-Aubin*, sur les bords du Cosson, et revient à Sèvres préparer son Salon de 1838 où figureront une *Vue du château de Saint-Cloud*, prise d'un autre point, l'*Entrée de l'allée noire*, un *Paysage près de Saint-Cloud* et *Une Foire champêtre dans le Limousin* pour lesquels il obtiendra sa première récompense : une médaille de troisième classe.

En 1839, Troyon déserte le Salon pour envoyer à Amiens, à une exhibition organisée par les soins de la Société des Amis des Arts, une *Vue du parc de Neuilly*, dont on fait l'acquisition pour le Musée. Elle nous laisse voir, dans le parc entouré d'arbres, un homme vêtu d'une blouse bleue et dormant couché sur le gazon. Plus loin, une famille composée du père, de la mère et de deux enfants, se promène. A gauche, une femme, chargée d'une hotte, chemine en suivant un sentier.

Pendant qu'il était en passe de voyager, la nature puissante et robuste de la Bretagne ne pouvait manquer de l'attirer. Deux années de suite Troyon va lui demander des inspirations et dans plusieurs études, qu'accompagne au Salon de 1840 une *Vue des environs d'Orléans*, il nous montre avec quelle ampleur il sait l'interpréter.

En 1841, il paraît au Louvre avec un tableau qui ne fut pas complètement du goût de Théophile Gautier. « Nous espérions mieux de M. Troyon, écrivait ce dernier. Son paysage de *Tobie avec l'ange* dépasse

LE DÉPART POUR LE MARCHÉ.
Tableau de Troyon.

les limites de ce qu'on peut se permettre en fait d'empâtements. Chaque ton est juxtaposé comme les petites pierres d'une mosaïque, et il faut se reculer à plusieurs pas pour démêler ce que cela veut dire. »

A quoi Troyon riposte l'année suivante par l'envoi de *Baigneuses* auxquelles la critique fait cette fois un excellent accueil; puis, en 1843, par un site des *Environs de Vannes* d'une singulière intensité.

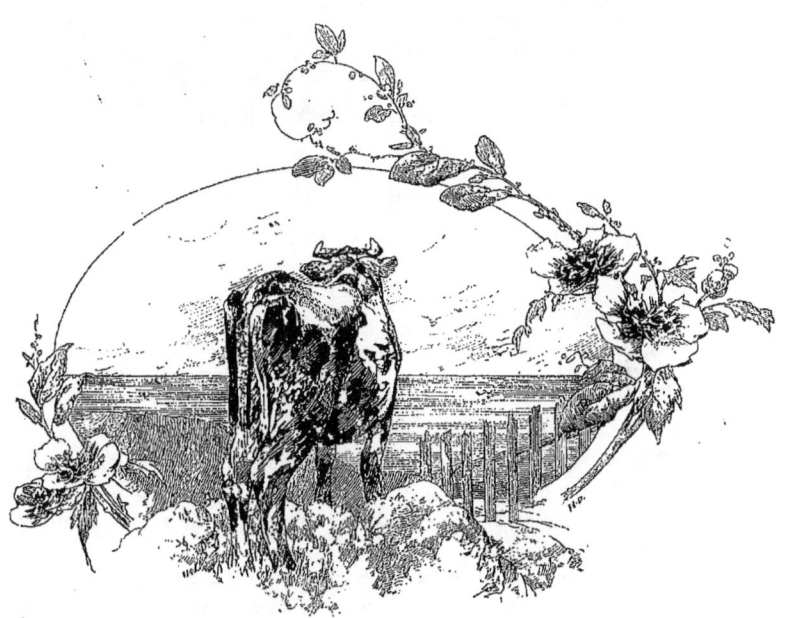

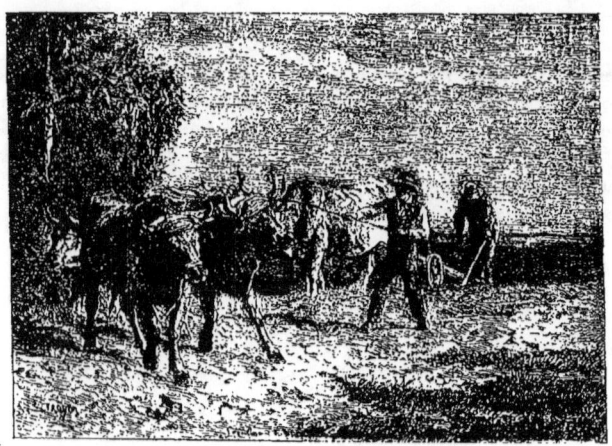

BŒUFS AU LABOUR.
Réduction d'une eau-forte de Laguillermie, d'après Troyon.

CHAPITRE II

Troyon fait la connaissance de Th. Rousseau et de Jules Dupré. — L'influence de ces deux peintres sur lui. — A Fontainebleau. — Voyages en Belgique et en Hollande. — Tête-à-tête avec Paul Potter, Albert Cuyp et Rembrandt.

Sur ces entrefaites, Troyon fit la connaissance de deux maîtres qui devaient aider puissamment à son évolution : Théodore Rousseau et Jules Dupré. Le premier lui prodigua ses conseils; le second l'emmena dans les Landes.

L'influence que tous deux exercèrent sur le jeune artiste fut d'autant plus féconde que de secrets pressentiments, de sourdes révoltes le portaient depuis longtemps déjà à condamner les tendances d'une école dont les fâcheux exemples avaient obsédé sa jeunesse. On était, en effet, bien arriéré à Sèvres à l'époque où Troyon avait appris les premiers rudiments de son art. Le paysage classique y régnait encore en maître et le professeur que M. Riocreux avait donné à son élève semblait ignorer le mouvement de rénovation dont Turner et Constable avaient été les initiateurs. Toute une admirable pléiade de paysagistes où figuraient Théodore Rousseau, Diaz, Jules Dupré, Flers, Français et d'autres encore, s'était en effet enrôlée à la suite de Paul Hüet, qui avait rapporté

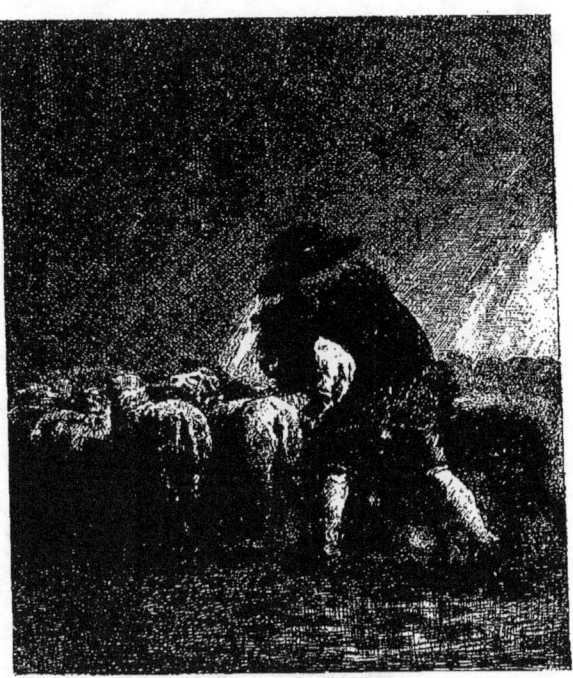

LE NOUVEAU-NÉ.
Réduction d'une eau-forte de Charles Courtry, d'après le tableau de Troyon.

d'Angleterre le nouvel évangile. Elle avait laissé là les héros, les chimères et l'attirail conventionnel qu'ils traînaient à leur suite, pour s'inspirer directement du réel. Elle avait trouvé du pittoresque et du mystère dans les grands bois veufs d'habitants de fantaisie, et le doigt de Dieu lui avait paru suffisamment marqué dans les désordres ou les

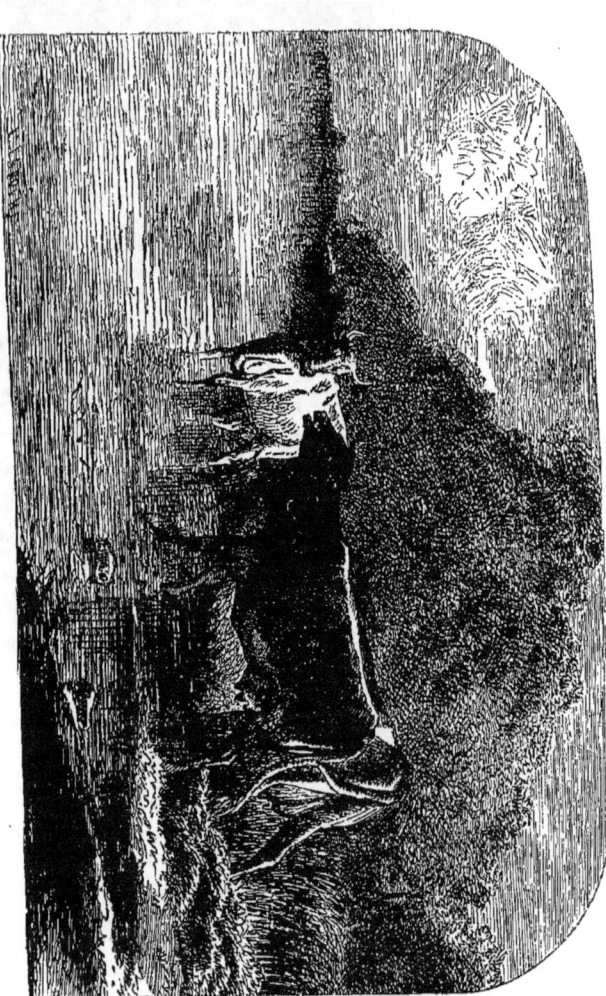

L'ABREUVOIR.
Tableau de Troyon.

harmonies des éléments pour qu'il fût nécessaire de le faire apparaître sous les traits d'un humain. Bref, elle avait eu soif de vérité et elle était revenue à la nature, en amoureuse de ses parures et de sa poésie.

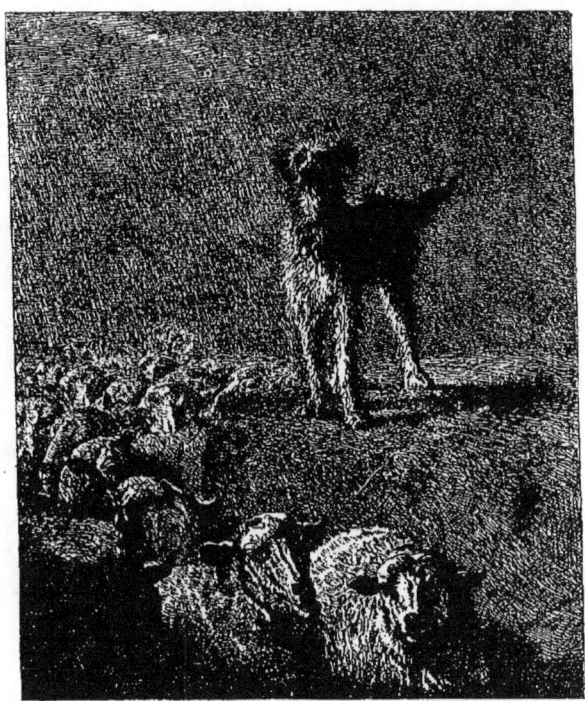

L'ŒIL DU MAÎTRE.
Réduction d'une eau-forte de Charles Courtry, d'après le tableau de Troyon.

Troyon se mêla hardiment à ce mouvement. Il fréquenta Fontainebleau, qui semblait être devenu le quartier général de la nouvelle école, et l'on ne tarda pas à noter dans ses œuvres une véritable transfiguration. La facture continua quelque temps encore à être compliquée; mais l'en-

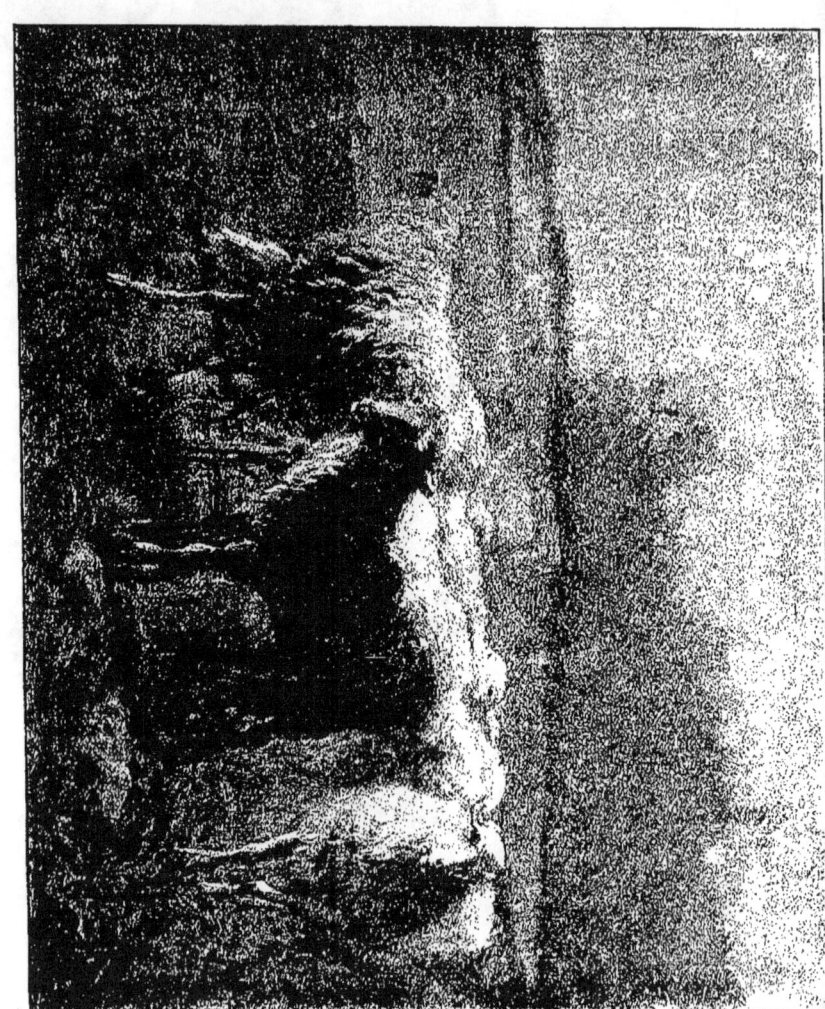

ÉTUDE DE MOUTONS.
Tableau de Troyon.

semble avait gagné, et on put, dès lors, le compter au nombre de ceux qui savaient voir.

C'est, en effet, la caractéristique de son Salon de 1844, qui comprend un *Paysage dans la forêt* et un *Dessous de forêt* où dormait une eau tranquille recouverte d'une verdure abondante; de celui de 1845, qui se compose d'une *Vue prise à Fontainebleau* et d'une *Vue prise à Caudebec*; enfin, de celui de 1846, où figurent quatre toiles : *la Vallée de Chevreuse*, *Dessous de bois à Fontainebleau*, *le Braconnier* et *la Coupe de bois*, œuvre de grand format que possède, aujourd'hui, le Musée de Lille, et que le catalogue décrit ainsi :

« Sur le premier plan, des hommes sont occupés à soulever une énorme pièce de bois qu'ils vont placer sur des tréteaux pour la scier. A droite, un chêne se détache en vigueur sur des arbres de différentes essences ; à gauche, deux bouleaux sont vivement éclairés par un soleil brillant qui perce à travers d'épais nuages. Sur un plan plus éloigné, on aperçoit en perspective une allée d'arbres qui se perd dans le fond. »

Troyon ne parut point au Salon de 1847. Il était allé en Belgique et en Hollande faire, avec les vieux maîtres animaliers, une connaissance plus intime.

Depuis quelques années, en effet, M. Louis Robert, attaché à la manufacture de Sèvres et son ami d'enfance, avait poussé Troyon à introduire des animaux dans ses paysages. Un autre de ses amis, M. Ad. Charropin, l'y avait engagé également. « J'allais tous les ans avec lui à Barbizon, dans la petite république du père Ganne, raconte-t-il lui-même dans une lettre à M. Ph. Burty. Les jours de mauvais temps, ne pouvant pas faire des études dans la forêt, nous allions dans les fermes faire poser les vachères ou les gardeuses d'oies, et plus souvent encore dans les étables peindre des bêtes. Là, Troyon faisait les plus charmantes choses du monde, et j'insistai, de 1846 à 1848, par une guerre incessante, pour qu'il les mît dans ses tableaux. »

Mais avant de se révéler comme animalier au public du Salon, Troyon voulut étudier de près ceux qui avaient, avant lui, brillamment marqué dans la carrière. Il partit. Ce ne fut point Paul Potter qui l'attira le plus. Son génie à la poursuite d'une mesure et d'un trait, groupant souvent sans beaucoup d'art, cherchant rarement un effet compliqué ou piquant, mettant au service de ces faiblesses relatives un œil singulièrement juste, mais en même temps une main mal assurée et un travail pénible et maigre, ne pouvait le captiver. Albert Cuyp, avec sa couleur puissante, belle, abondante, son faire aisé, paisible et fort, le séduisit autrement. Par-dessus tout, Rembrandt le frappa; sa peinture pleine et grasse, son exécution à la fois ample et serrée, son dessin qui se fait oublier sans rien oublier lui-même, ses moyens d'expression dramatique, son art enfin de faire, avec la nuit, le jour, le touchèrent au cœur. Il ne voulut point quitter la vieille capitale néerlandaise sans rapporter au moins un souvenir de *la Ronde de nuit*. Il en fit un grand dessin sur papier teinté avec rehauts blancs, auquel il tint toujours beaucoup et qui lui fut d'ailleurs d'un grand conseil[1]. En même temps il s'appliqua à fixer sur la toile les caractères principaux du pays. Il peignit les *Environs d'Amsterdam* et les *Environs de La Haye*, qui figurèrent au Salon de 1848, avec un *Paysage de Fontainebleau* et un *Chemin creux* en Normandie, bordé de haies et d'arbres, dans lequel deux enfants arrêtés grappillent des mûres savoureuses.

1. Ce dessin, où l'esprit du tableau est admirablement rendu, Troyon l'avait donné à M. Van Marcke, son élève, mort en 1891.

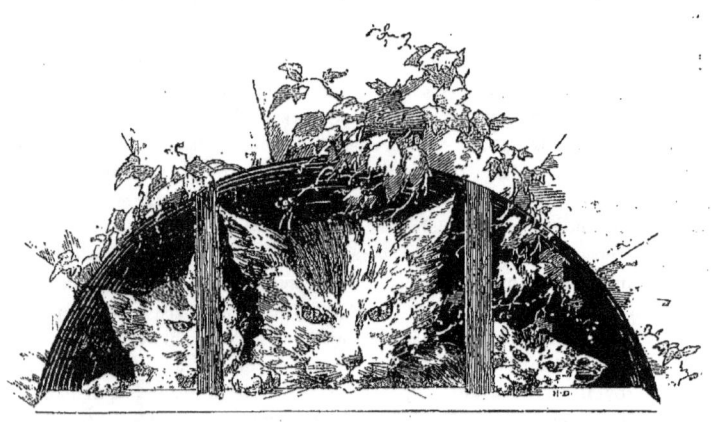

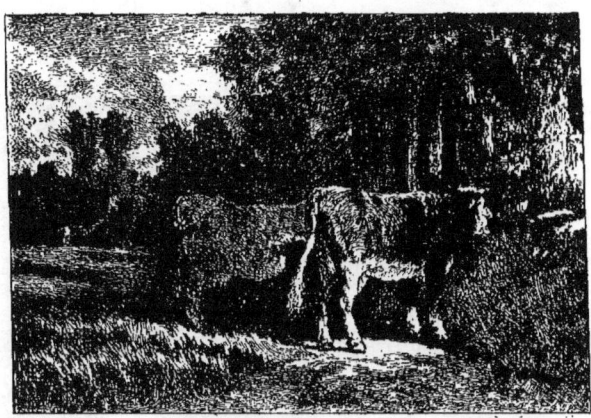

AU PATURAGE.
Réduction d'une eau-forte de Charles Courtry, d'après le tableau de Troyon.

CHAPITRE III

Le *Moulin*. — Comment Troyon fut fait chevalier de la Légion d'honneur. — Le succès. — En Normandie. — *La Vallée de la Touques*. — En Touraine. — Les *Bœufs au labour*. — *Le Départ pour le marché* — *Le Retour à la ferme*.

De retour en France, il exécuta, pour l'Exposition de 1849, les *Environs de Sézanne*, le *Village de Corfelix* [1], divers *Paysages des environs de Paris*, des *Moutons* bien en laine, puis le fameux *Moulin* où l'influence de Rembrandt et l'impression exercée sur son esprit par la magie de sa lumière se manifestaient d'une manière évidente. « Il est de bonne heure encore, écrivait à son sujet Théophile Gautier. Le soleil blafard essaye de se débrouiller à travers les brumes du matin. Mais la brise se lève; le joyeux tic-tac crépite, comme le battement d'un cœur, dans la boîte de planches vermoulues, et la silhouette du moulin se découpe en noir sur les pâleurs de l'aube, avec les linéaments de ses ailes membraneuses. »

A la suite de cette Exposition, Troyon fut nommé chevalier de la

1. Petit village de la Marne, à 36 kilomètres d'Épernay, dans la Brie champenoise.

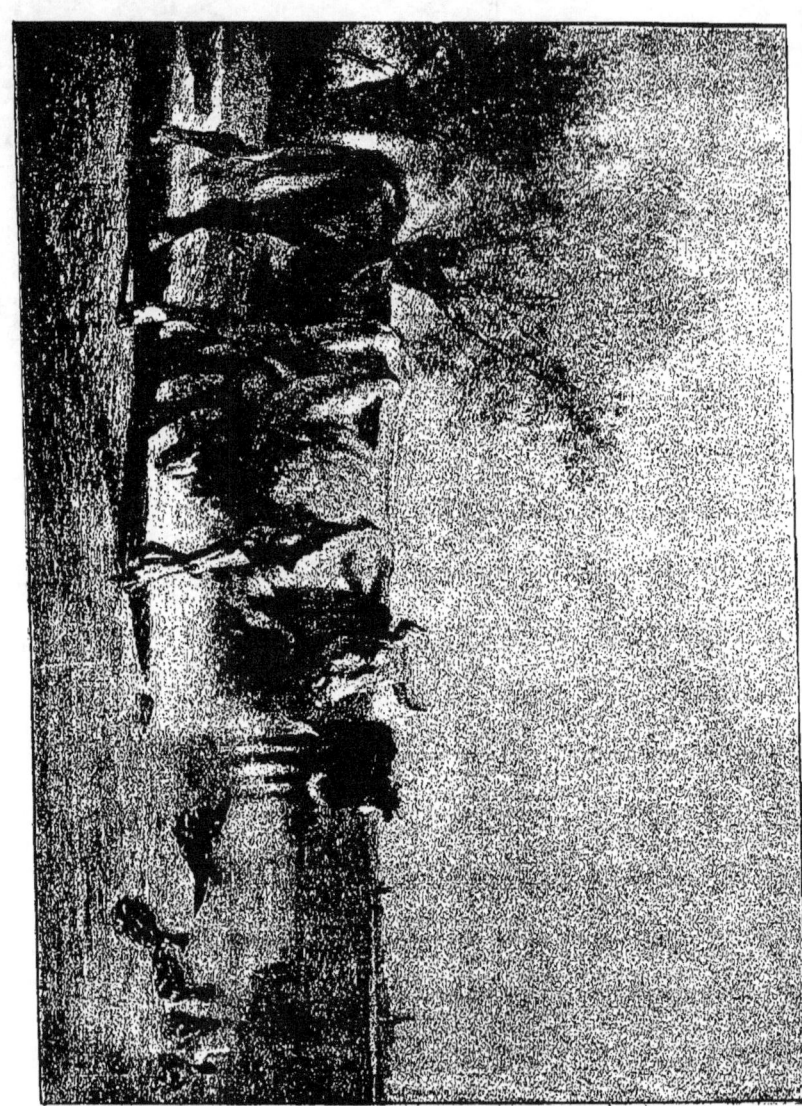

LA MARE AUX CANARDS.
Tableau de Troyon (1855).

Légion d'honneur. Mais ce ne fut pas sans peine. Charles Blanc, qui fut témoin des hésitations du pouvoir à consacrer en Troyon, par cette distinction, un maître de haute lignée, raconte en ces termes l'incident :

« Un matin, à sept heures, dit-il, deux ou trois jours avant l'ouverture du Salon, l'honorable M. Dufaure, alors ministre de l'intérieur, me fit prévenir, par une ordonnance à cheval, que le président de la République se trouverait au Salon à huit heures. Pour ne pas envahir et encombrer le Louvre, j'avais demandé et obtenu à grand'peine que les appartements des Tuileries fussent consacrés à l'exposition des œuvres de peinture et de sculpture. C'était la première fois que le Louvre était délivré des toiles modernes qui venaient périodiquement et indécemment nous masquer les vieux maîtres. Le président de la République, n'ayant pas le loisir de tout voir, se fit désigner seulement les meilleurs ouvrages. Les tableaux de Troyon figuraient à une place d'honneur. « Voilà, m'écriai-je, une peinture mâle, vaillante et « corsée, comparable à ce qu'ont fait de mieux les Hollandais les plus « illustres... » Je m'arrêtai court, m'apercevant que cet élan d'enthousiasme n'avait aucun succès. Le président de la République répondit froidement, mais avec douceur, que cette peinture heurtée, à la grosse, lui produisait l'effet d'une tapisserie et ne lui paraissait pas autrement digne d'admiration. Comme je me refusais à me rendre à un sentiment qui, du reste, avait bien sa raison d'être, eu égard au côté fruste de cette peinture épaisse et romantique, le président eut la bonhomie de chercher du renfort autour de lui, et, naturellement, l'officier d'ordonnance, converti sur l'heure à la manière lyonnaise, crut devoir donner au directeur des Beaux-Arts une leçon de peinture. Le mieux était de se taire. Nous fîmes savoir à Troyon que, selon toute apparence, il ne serait pas décoré. Cependant, quand vint le moment de distribuer les récompenses, le ministre de l'intérieur laissa le nom de Troyon inscrit sur la liste des croix d'honneur, après Jules Dupré, avec Séchan, Muller, Raffet. Au premier coup d'œil jeté sur la liste, le président de la République ébaucha un sourire : « Il paraît », dit-il à M. Dufaure, « que, décidément, je ne me connais pas en peinture... », et le décret fut signé de bonne grâce. »

Jusque-là, Troyon avait été, en effet, très discuté ; à ses tableaux, d'une exécution fougueuse et martelée, on préférait la peinture polie et lisse de Brascassat. Le jury avait eu beau lui accorder une troisième médaille en 1838, une deuxième en 1840, une première en 1846, 1848,

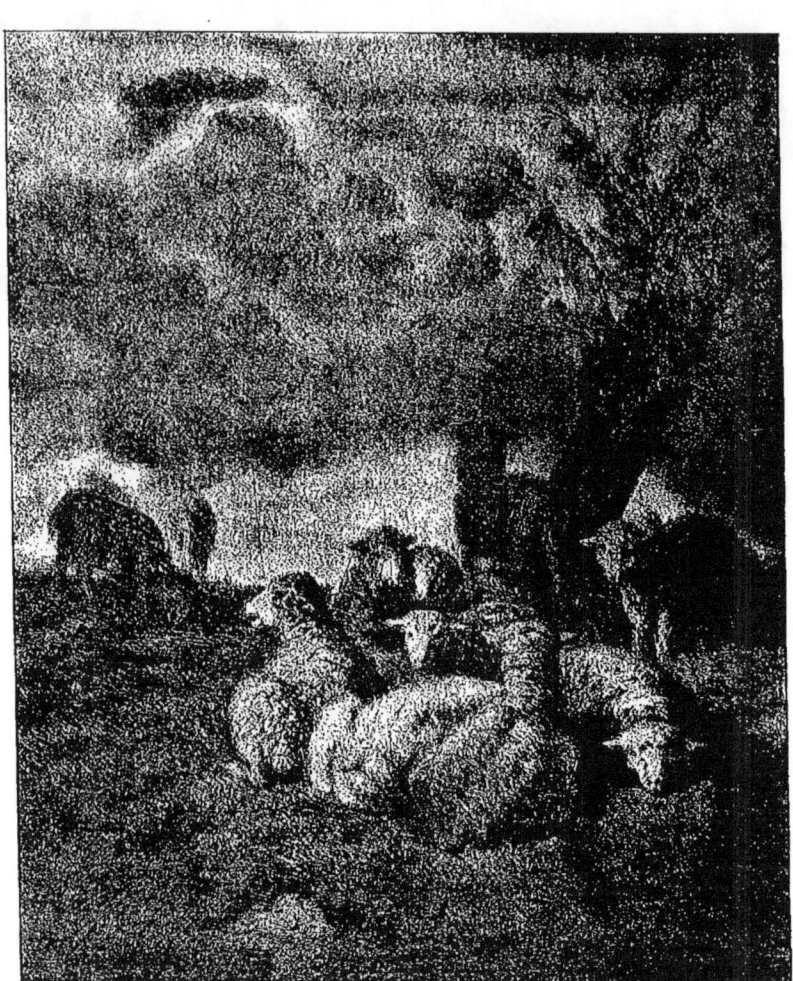

MOUTONS AU REPOS.
Tableau de Troyon.

— médaille qu'il devait rappeler encore en 1855, — le public avait refusé de le suivre et de saluer en Troyon un maître d'une incontestable valeur.

Le jour où il fut décoré, l'idéal des amateurs changea. La manière du nouveau chevalier eut toutes les préférences. Chacun prétendit l'avoir deviné. Ce que Troyon vendait difficilement 300 francs, il le vendit facilement 6,000, et les commandes ne cessèrent d'affluer. Au bout de peu de temps, il eut maison à la ville, maison à la campagne, à Sèvres notamment, où il installa sa mère. Débarrassé de préoccupations matérielles, il s'étudia à corriger ses défauts, à assouplir sa manière, et il parut au Salon de 1850 avec tout un cortège de toiles s'appelant, l'une : *Troupeau de moutons*; l'autre, *l'Abreuvoir*; la troisième, *Marché d'animaux*; la quatrième, *Effet d'orage à Mouton-Gluine*, marquées au coin des qualités les plus solides.

En 1852, il fit un assez long séjour en Normandie, et en rapporta diverses œuvres marquantes, dont une, *Vaches normandes*, se trouve aujourd'hui au Musée de Montpellier. Au premier plan, à gauche, une vache, vue de profil, boit dans une mare ; derrière elle, presque au centre du tableau, une vache noire se retourne vers une vache rousse et blanche qui s'avance en dressant la tête. A droite, un chien noir, debout dans les joncs, et un berger en blouse bleue, assis sur un talus, au pied d'une colline. A l'horizon, un ciel orageux, qui baigne le paysage de sa lumière grise.

L'année suivante, il exposa, avec un *Abreuvoir* et un *Chemin creux*, la *Vallée de la Touques*, que M. Paul Mantz considère comme son chef-d'œuvre.

« Troyon, dit-il, a fait paraître dans ce grand paysage le sentiment large et fort d'un peintre qui connaît les animaux dans leur coloration, leur structure, leur caractère, en même temps qu'une préoccupation curieuse et presque dramatique de l'effet lumineux. Il a compris et exprimé, mieux qu'on ne l'avait fait encore, ces grandes plaines verdoyantes où les vaches disparaissent, cachées jusqu'au poitrail par les hautes herbes; les fraîches saveurs de la terre humectée par la pluie récente; ces lourds nuages chargés de grêle, et la vague inquiétude des bêtes craintives, et les angoisses de la nature entre deux orages. Qu'était-ce que ce tableau, sinon un grand spectacle, puissant, agité, plein d'émotion et de vie ? »

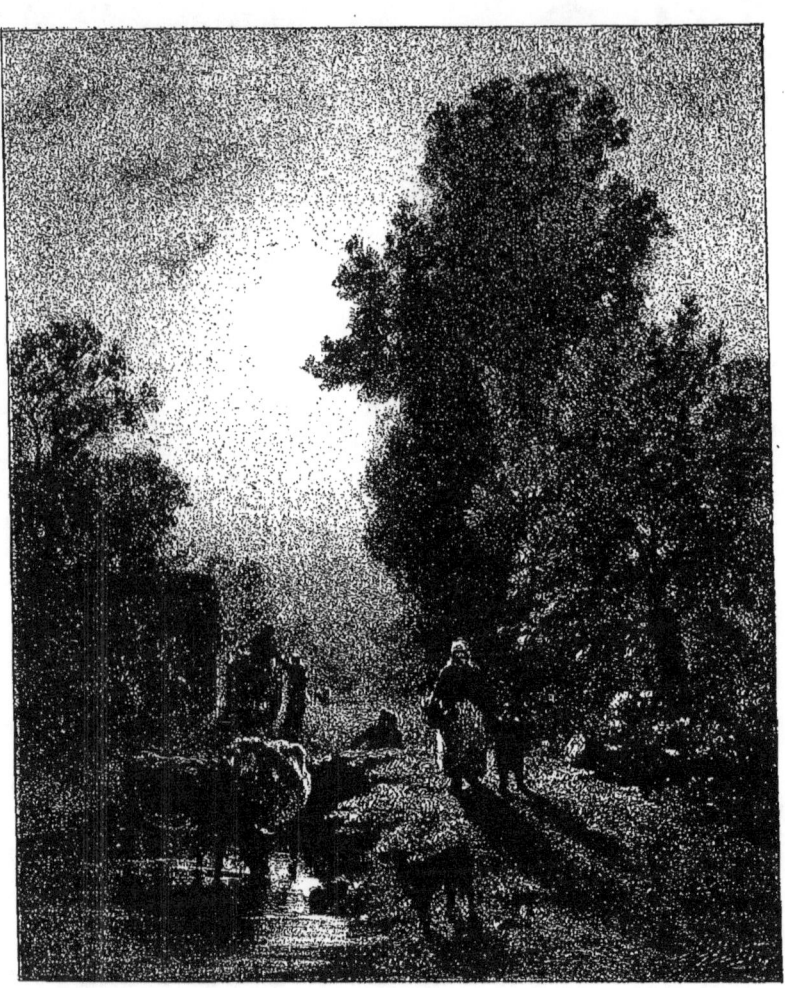

LE MATIN.
Réduction d'une lithographie de Français, d'après le tableau de Troyon.

Et cependant Troyon n'avait point dit son dernier mot. Il reparaissait au Salon de 1855 avec des vaches à l'abreuvoir, des chiens courants au repos, lancés et d'arrêt, rapportés d'un séjour en Touraine ; une vache blanche, une vache rouge et des *Bœufs allant au labour*, qui furent universellement admirés. Jamais personne n'avait encore rendu d'une façon aussi saisissante les brumes du matin s'élevant lentement des terrains détrempés, enveloppant tout de leurs gris argentés, la poésie de cette lumière automnale et le pas lent des bœufs accouplés. Aussi l'État acheta-t-il cette toile qui se trouve aujourd'hui au Louvre.

L'année 1859 marqua l'apogée de ce talent robuste. Troyon exposait en même temps la *Vache qui se gratte*, les *Vaches allant aux champs*, une étude de *Chien*, une vue prise des hauteurs de Suresnes, dont le ciel vivant et mouvementé est presque mobile ; le *Départ pour le marché* et le *Retour à la ferme*, que la mère de Troyon donna à l'État en 1865 et qui, du Luxembourg, est venu au Louvre. Le jour tombe. Le soleil va se coucher. Les animaux s'acheminent vers la ferme avec nonchalance, s'arrêtant çà et là pour boire et brouter. Le calme du soir, la lourdeur de la journée à son déclin, voilà les deux notes dominantes du tableau.

Le *Départ pour le marché*, qui pouvait rivaliser d'impression avec le *Retour à la ferme*, enthousiasma la critique. Alexandre Dumas nous en fit un croquis en quinze lignes qui, à plusieurs années de distance, conserve la saveur de l'émotion du moment :

« Il est difficile, dit-il, d'être plus empoignant (qu'on nous passe ce terme d'atelier) que ne l'est Troyon dans ce tableau.

« Un paysan et une paysanne, montés sur un âne, mènent au marché une bande d'animaux : moutons, vaches, agneaux, brebis. Ce troupeau est vu de face et avance sur le spectateur. Il est de grand matin ; tout, dans la nature, conserve encore l'humidité de la nuit. Mais un soleil blond perce le brouillard et commence à se refléter dans les gouttes de rosée qu'il va boire.

« On sent, malgré cette fraîcheur matinale, que la journée sera chaude.

« Ce n'est plus de la peinture ; à force d'art, le travail du pinceau a disparu. L'effet du tableau est saisissant, plein de vérité, d'animation, de vie. Vous venez d'ouvrir votre fenêtre sur la campagne et vous admirez un des plus ravissants aspects de la création — ce moment virginal et rapide qui passe entre l'aurore et le matin.

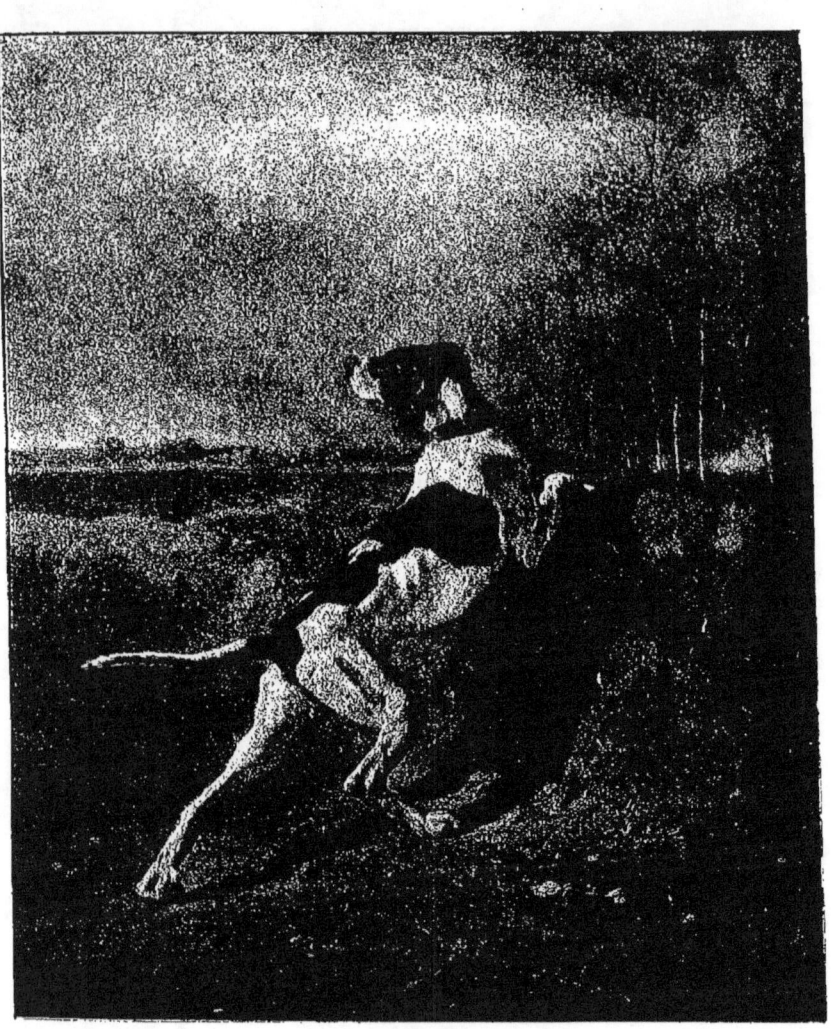

LE CHIEN D'ARRÊT.
Tableau de Troyon.

« C'est là du vrai soleil, doux, fin, caressant, du soleil soyeux; les ombres en sont vigoureuses, tout en restant blondes. Les animaux sont bien des bêtes, bêtes qui vont au marché, sans se douter qu'elles vont à l'abattoir, sans avoir l'air de poser devant les spectateurs pour la mort prochaine. Elles marchent sur ces feuilles humides qui se détachent des arbres et qui tombent à terre par l'action des premiers rayons du soleil. C'est de la poésie vraie; c'est de la peinture appétissante sans charlatanisme aucun. »

Ce fut la dernière œuvre capitale de Troyon.

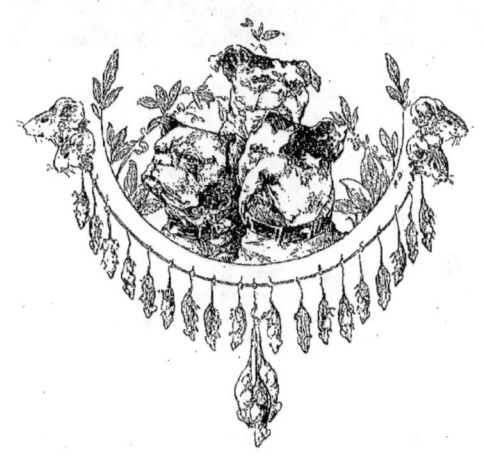

BŒUFS ALLANT AU LABOUR.
Réduction d'une eau-forte de Charles Courtry, d'après le tableau de Troyon.

CHAPITRE IV

Expositions de province et de l'étranger. — *Le Chariot de foin.* — Mort de Troyon. Nature de son talent. — La palette de Troyon. — Troyon et Eugène Delacroix. — La galerie de Troyon. — Ses habitudes de travail. — Chez M. Loisel — Quelques souvenirs de M. Fillonneau.

A partir de ce moment, Troyon délaissa le Salon de Paris pour s'en tenir aux expositions de province et de l'étranger. Déjà, en 1859, il avait envoyé à Manchester des *Pêcheurs débarquant du poisson sur le rivage*, qui furent achetés par un paysagiste, membre de la *Royal Academy*.

En 1859, il exposait à La Haye une toile qui ne fut point très goûtée, à en juger par les lignes suivantes, que lui consacra W. Burger (Théophile Thoré) dans son compte rendu à la *Gazette des Beaux-Arts:*

« M. Troyon vient d'habitude, et partout, en première ligne. Les précédentes expositions d'Amsterdam, de La Haye, d'Anvers, ont laissé dans le Nord un profond souvenir de son talent valeureux. Mais, par malheur, le tableau qu'il a envoyé, ou qu'on a envoyé pour lui, à la présente exhibition, est des moins réussis et doit être d'une époque assez éloignée déjà. On n'y trouve guère sa maestria actuelle. La toile est vide et la couleur faible. Vous connaissez sans doute, à Paris, cette composition intitulée le *Chariot de foin*. Le chariot, attelé de deux bœufs et d'un cheval blanc en flèche, est conduit par un paysan en blouse; ils vont passer un gué. Derrière la charrette, trois figurines de faneurs. En avant, des troncs d'arbres et deux chiens, et, sur la droite, un pignon de chaumière. L'harmonie générale est, sans doute, très juste; les animaux sont bien façonnés, la lumière y est, mais il faut voir et juger votre grand peintre d'après des œuvres plus récentes et plus heureuses. »

L'année suivante, nous le retrouvons à Bruxelles, où il envoie un grand paysage des environs de Suresnes et un chien d'arrêt. A Lyon, c'était un *Chien de berger*, noir, aspirant l'air humide, courant affairé autour du troupeau pour le ramener à l'étable. A l'horizon, un ciel orageux avec un rayon de soleil éclairant un coteau lointain.

A Bordeaux, c'était également une étude de chien, puis des *Bœufs au labour*, que le Conseil municipal de cette ville lui achetait pour les placer au Musée, qui ne possédait encore aucune toile de lui.

Enfin, la même année, figuraient, dans la galerie Goupil, des *Vaches à l'abreuvoir*, d'une solide facture; à l'Exposition de Troyes, des bestiaux, qui trouvèrent immédiatement acquéreurs, et à celle de Besançon, une *Charrette de foin*, qui fut assez critiquée.

En 1861, Troyon obtenait de nouveaux succès à Bordeaux, à Anvers et à Bruxelles où la médaille d'or lui était décernée. En 1862, c'était au Cercle de l'Union artistique et à Londres; enfin en 1864, c'était derechef à Bordeaux, où figurait une *Vache qui se frotte*, d'un beau dessin; puis à Limoges, à Anvers et à Bruxelles.

Et ce fut tout.

Troyon peignit bien encore, pour l'Exposition du Cercle de la rue de Choiseul, *la Plage*, vaste toile où un attelage de bœufs vient chercher au bateau la pêche de la nuit. Mais si la main restait ferme, habile, l'intelligence déclinait rapidement. Elle sombra même à ce point que dans ses derniers mois il peignait des vaches dans les arbres. Le 20 mars 1865, Troyon s'éteignait à Paris, laissant après lui un grand vide dont l'école française porte encore le deuil.

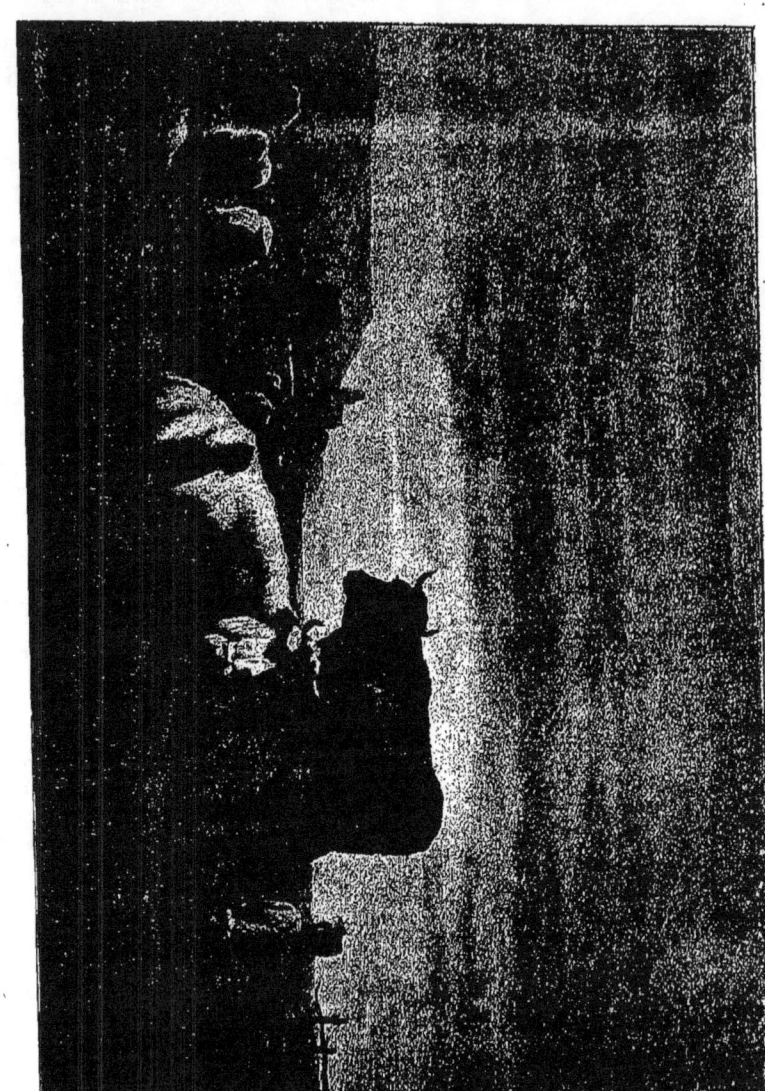

PATURAGE EN NORMANDIE.
Tableau de Troyon.

Il mourait simple chevalier de la Légion d'honneur, exclu de l'Institut. Seule, l'Académie d'Amsterdam avait tenu à honneur de lui ouvrir ses portes.

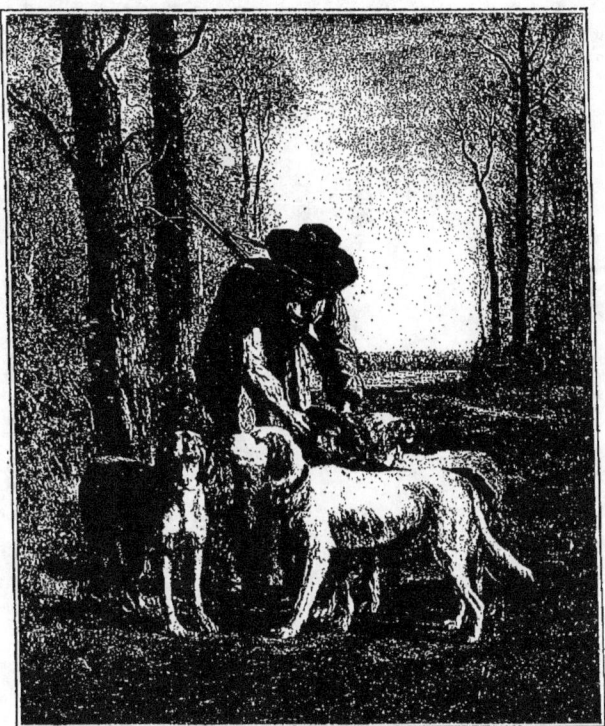

LE GARDE-CHASSE.
Tableau de Troyon.

Et cependant il était de cette forte race des maîtres qui s'imposent par leur puissance d'expression autant que par l'originalité de leurs moyens. Venu trop tard pour marcher à la tête du mouvement qui em-

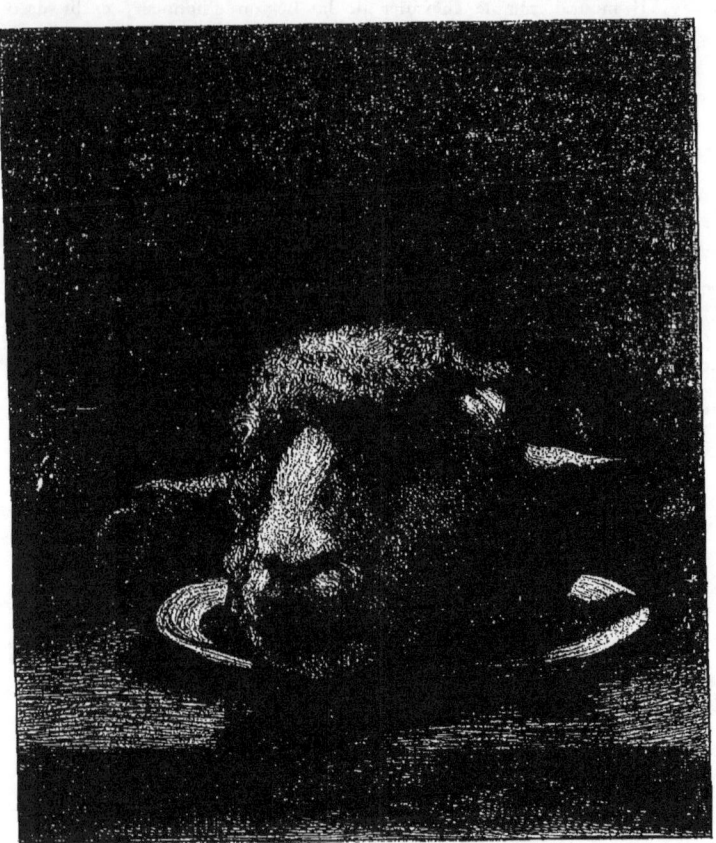

TÊTE DE BÉLIER.
Réduction d'une eau-forte de Charles Waltner, d'après le tableau de Troyon.

portait la nouvelle école, il l'avait suivi, appuyé, défendu en homme qui pouvait prêcher d'exemple. Il avait trouvé une note à lui, créé pour son usage cette lumière argentine au milieu de laquelle il manœuvre ses animaux. Moins correct que Paul Potter, plus fougueux, mais coloriste bien moins distingué qu'Albert Cuyp, il a construit ses bestiaux solidement, en voyant de préférence aux contours que sa brosse dévorait avec soin, les plans, les reliefs et ces mille accents qui donnent à la forme sa signification, trahissent la vie et accusent le mouvement. Semés avec bonheur sur des frondaisons virgiliennes, sous des ciels gris qui s'enfoncent au loin et les baignent d'une douce clarté, ses bœufs ont la démarche pesante, la philosophique indolence, la calme résignation et ce vague du regard qui est le propre de leur race. Leur pelage est soyeux, épais, d'une richesse qui peut défier la nature.

Jamais pourtant ils n'occupent dans le tableau que la place impartie aux êtres animés par rapport à la nature immobile. Ils n'écrasent point la création ; ils sont faits pour le cadre dans lequel ils se meuvent comme celui-ci est fait lui-même pour les recevoir. Paysagiste d'abord, animalier en second lieu, — les deux personnes qui se disputaient Troyon, — aucune d'elles n'avait voulu abdiquer. Toutes deux étaient tombées d'accord pour ne point trop se sacrifier l'une à l'autre, convaincues que toutes deux pouvaient, à l'occasion, faire, sans se nuire, un mariage de raison. Là est précisément la supériorité de Troyon sur ses devanciers.

Il y a plus. Dans ses paysages aux lignes profondes, qu'il peuple de tout un monde bien réel et bien vivant, on trouve toujours un charme, une poésie, une saveur rustique que ceux-là seuls peuvent atteindre qui sont sincèrement épris de la nature, qui ne copient pas mais observent d'un œil attendri.

La composition et l'effet priment chez lui. Il ne peint pas avant d'avoir groupé savamment ses animaux, avant d'avoir trouvé de grands ensembles. Au rebours de Paul Potter, il recherche des effets sinon compliqués, du moins pittoresques, bien francs et bien écrits. Son exécution est magistrale, pleine ; sa couleur abondante, épaisse et riche.

La palette de Troyon est bien simple.

Van Marcke, son élève préféré, a bien voulu nous en faire connaître les éléments, en même temps qu'il nous comptait des souvenirs personnels que nous avons largement mis à profit. La voici :

Terre de Sienne naturelle, laque jaune, terre de Sienne brûlée, brun

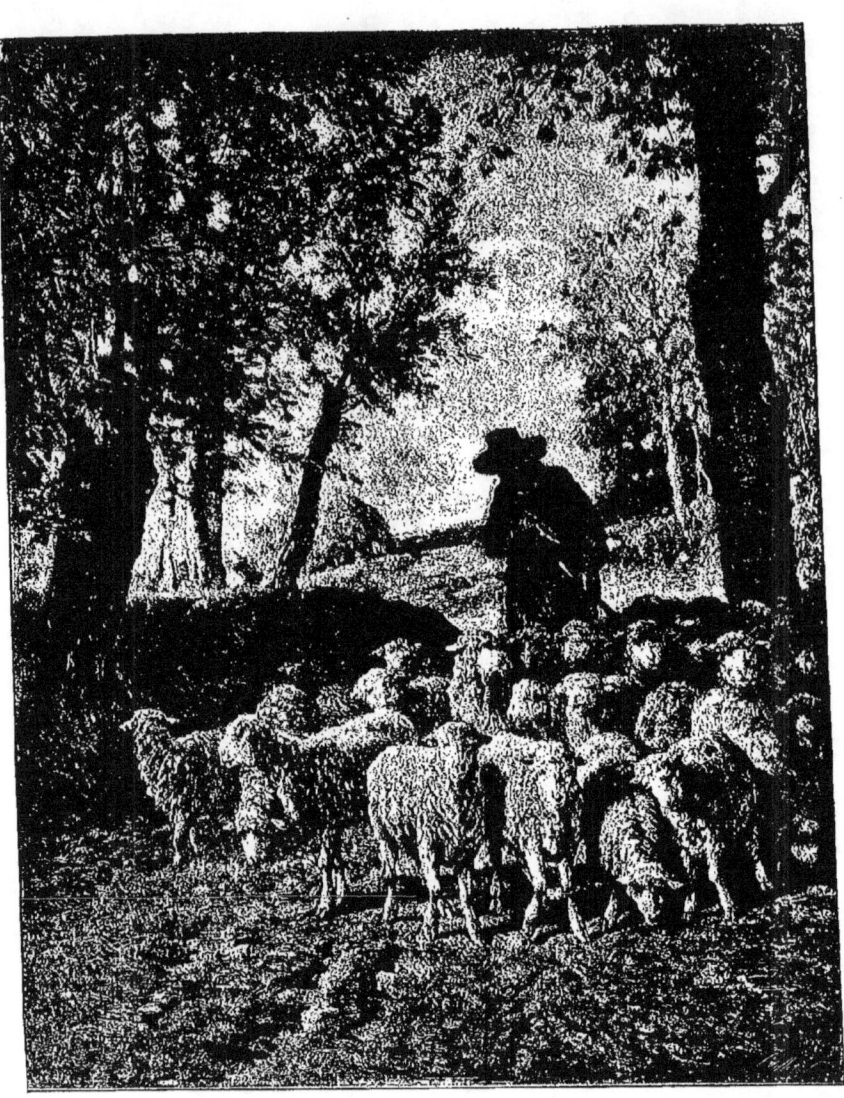

BERGER RAMENANT SON TROUPEAU.
Tableau de Troyon.

rouge, laque rose, vermillon, jaune indien, vert Véronèse, vert émeraude, bleu de Prusse, momie, noir d'ivoire, jaune de Naples, blanc, ocre jaune, bleu de cobalt.

Il employait ses couleurs à l'état natif. A peine y ajoutait-il un peu d'essence de térébenthine ou de siccatif de Courtrai.

De sa palette même, il n'avait aucun souci. Il laissait s'y accumuler des paquets de couleurs desséchées. Quand elle était trop lourde, il la remplaçait.

En revanche, il avait un soin particulier de ses brosses. Car il ne se servait que de brosses. Les pinceaux étaient bannis de sa boîte. Il tenait beaucoup à celles qui avaient le plus servi. Il les employait quand il avait à faire quelque fin détail. Et chose curieuse, très adroit comme peintre, il était dans tout le reste d'une insigne maladresse.

Personne n'était plus embarrassé que lui pour commencer un tableau. Il menait tout de front : paysage, animaux, harmonisant ses valeurs jusqu'à complet achèvement. « On peut dire que son tableau se faisait en rond ; à ce point, nous racontait Van Marcke, qu'avant de poser une touche, son pinceau décrivait un cercle. »

Admirateur passionné des grands coloristes, il avait acheté chez un marchand de la rue Laffitte, M. Beugniet, *le Christ dans la barque*, d'Eugène Delacroix [1], et à sa mort on trouva chez lui une collection particulière très riche où figuraient le fameux *Givre*, de Rousseau, et une nature morte d'un élève de Rembrandt.

A la vente qui eut lieu en 1866, cette esquisse de Rousseau monta à 9,800 fr. Un *Paysage*, une *Route à travers bois*, et un *Paysage avec un horizon de montagne, soleil couchant*, du même maître, atteignirent l'un, 2,700 fr.; l'autre, 2,280 fr.; le troisième, 910 fr.

Il possédait cinq Millet : une *Femme étendant du linge dans un enclos*, vendue 1,255 fr.; un *Tonnelier*, vendu 1,105 fr.; une *Fermière comptant des moutons rentrant à l'étable*, vendue 1,260 fr.; un *Bûcheron faisant des fagots*, 1,440 fr., et une *Baigneuse couchée*, qui n'atteignit que 405 fr.

Diaz était représenté chez lui par un *Dessous de bois* (301 fr.), une

---

1. Quand Delacroix apprit que l'acquéreur de son tableau n'était autre que Troyon, il lui envoya comme cadeau un tigre d'une allure superbe, souple, féroce, avec une lettre des plus curieuses, malheureusement perdue aujourd'hui. Ce tigre a ait partie de la collection de M. Van Marcke.

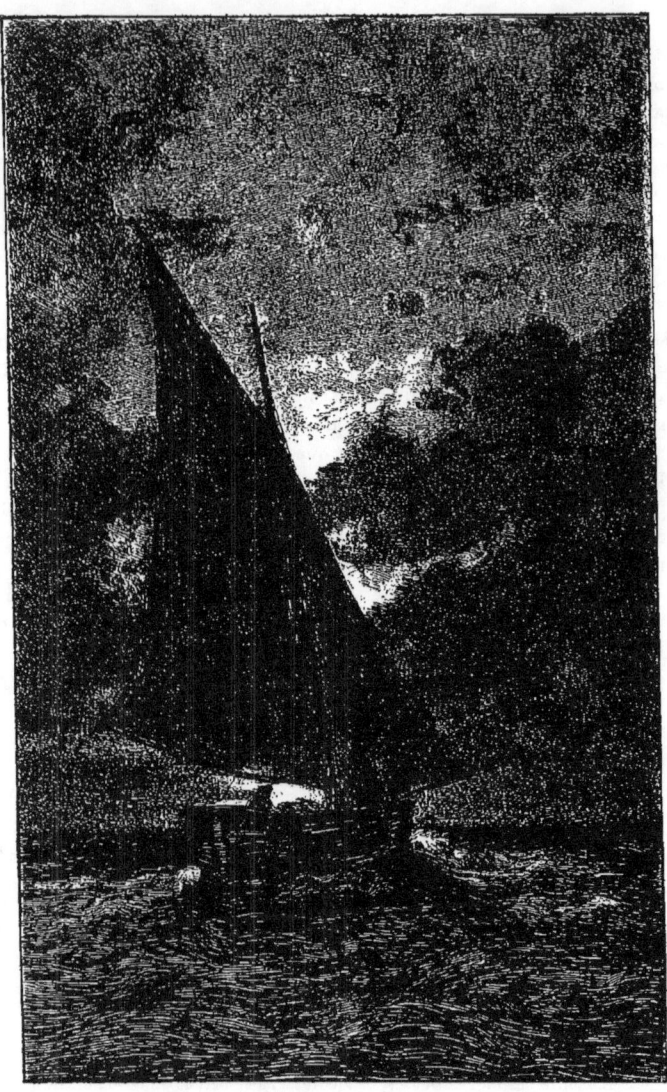

LE BATEAU DE PÊCHE.
Réduction d'une eau-forte de Théophile Chauvel, d'après le tableau de Troyon.

Baigneuse endormie (550 fr.), une esquisse d'une *Suzanne au bain* (260 fr.), une autre esquisse de *Nymphes au bois se défendant contre l'Amour* (150 fr.), enfin une *Scène d'amour* (118 fr.).

Corot lui avait donné un *Paysage sur une colline*, qui fut vendu 760 fr.

La *Coupe de bois dans une forêt*, de Jules Dupré, atteignit 3,210 fr.; une *Marine*, de Boudin, 100 fr.; une esquisse d'Isabey *(Funérailles d'un officier de marine)*, 250 fr.; une *Paysanne*, de Luminais, 182 fr.; un *Convoi breton*, de Guillemin, 182 fr.; une esquisse de Tassaert, 255 fr., et une *Bacchante endormie*, du même, 625 fr.; une nature morte de Philippe Rousseau, 155 fr.; un Ziem, 1,490 fr.; enfin, un Pieter Boel, 1,300 fr.

Peintre essentiellement d'impression et de sentiment, il s'abstenait avec d'autant plus de soin de toute discussion sur les sujets esthétiques qu'il éprouvait quelque difficulté à s'expliquer couramment. C'était le pinceau à la main qu'il développait ses théories et elles étaient si nettes, si franchement accusées, qu'avec trois touches il vous faisait comprendre ce qu'il voulait.

Travailleur infatigable, il ne perdait jamais une minute. Pendant le cours de sa carrière artistique, malheureusement trop courte, il travailla toujours d'après nature. Ses quatre mois d'études étaient pour lui chose sacrée. Il se levait à six heures et ne se reposait qu'une heure après son déjeuner. Van Marcke nous racontait que, pendant une saison qu'il fit en Touraine avec son maître, Troyon et lui travaillèrent deux mois entiers sans prendre un seul jour de repos. Quand Van Marcke suppliait Troyon de se reposer, celui-ci lui répondait invariablement, en lui frappant sur l'épaule : « Et du pain ? » Non pas que le besoin le poussât. Mais, comme Titus, il estimait que sa journée était perdue quand il n'avait pas fait une bonne étude. *Nulla dies sine pictura*, telle paraissait être sa devise. Quant aux pauvres animaux qui lui servaient de modèles, il n'en avait nul souci. C'était d'ailleurs à un peintre de ses amis, M. Loisel, qu'ils appartenaient. Il passa huit étés de suite dans les propriétés de ce dernier et c'est là qu'il fit ses magnifiques études de chiens courants qui devaient lui servir pour un grand tableau représentant un retour de chasse.

Malgré ses succès, Troyon resta toujours modeste, bienveillant, généreux. Il était d'un caractère gai, d'un esprit enjoué, finement railleur et

LA CHARRETTE.
Réduction d'une eau-forte de Maxime Lalanne, d'après le tableau de Troyon.

fort indépendant. Vivant très retiré du monde, aux exigences duquel il ne voulait pas se plier, il s'abstint toujours de la moindre démarche auprès des puissants du jour. C'est ce qui explique comment, en dépit de ses triomphes, il mourut simple chevalier de la Légion d'honneur. M. Fillonneau, qui l'avait beaucoup connu, nous a, dans *le Moniteur des Arts* (année 1865), initié à bien des détails intimes. Nous ne pouvons mieux faire que de les reproduire ici :

« Quoique doué d'une constitution athlétique, Troyon ne paraît pas avoir été un homme d'action dans le sens vulgaire du mot. Il était réfléchi, n'aimait point à se répandre au dehors et concentrait toute son énergie dans la poursuite de son but. C'est avec un constant ravissement qu'il pensait à ses travaux en plein air.

« Rien ne m'amuse, nous disait-il, comme d'étudier d'après nature,
« et j'ai passé des saisons entières dans les champs, sans désirer un seul
« instant les plaisirs de Paris qui, pourtant, à certaine époque ne me lais-
« saient pas insensible. »

« Ce n'est pas qu'il se sentît impropre aux relations sociales. Bien que son éducation ne l'eût pas façonné pour le monde exclusivement élégant, il y tenait fort bien sa place, parlant peu, mais avec une grande justesse d'à-propos. Il prisait fort la distinction des manières, reconnaissait bien haut ce genre de mérite chez un de ses célèbres confrères, et nous exprimait la souffrance et même l'humiliation que lui fit éprouver la rencontre d'un de ces artistes qui confondent la brutalité de parole avec l'accent de l'indépendance personnelle.

« Son langage était donc naturellement doux, quelles que fussent ses opinions, d'ailleurs fort arrêtées, sur beaucoup de sujets. Nous ne l'avons vu presque fâché qu'un jour où nous lui parlions des heureux hasards d'exécution que pouvait rencontrer un peintre cité pour sa crânerie de coloriste. Troyon nous répondit sévèrement par cette belle parole :

« Il n'y a point de hasard dans la peinture. »

« Ce loyal cri de conscience de l'artiste dont le travail a toujours été voulu et médité dans ses moindres détails, est la contre-partie de cet axiome de Turner : « Il ne faut jamais perdre un accident. » Le peintre anglais, moins scrupuleux, admettait l'accident, sauf à le modifier pour l'harmonie générale.

« La douce politesse de Troyon était d'autant plus méritoire qu'elle procédait d'un grand fonds de bienveillance. Nous l'avons vu en 1848

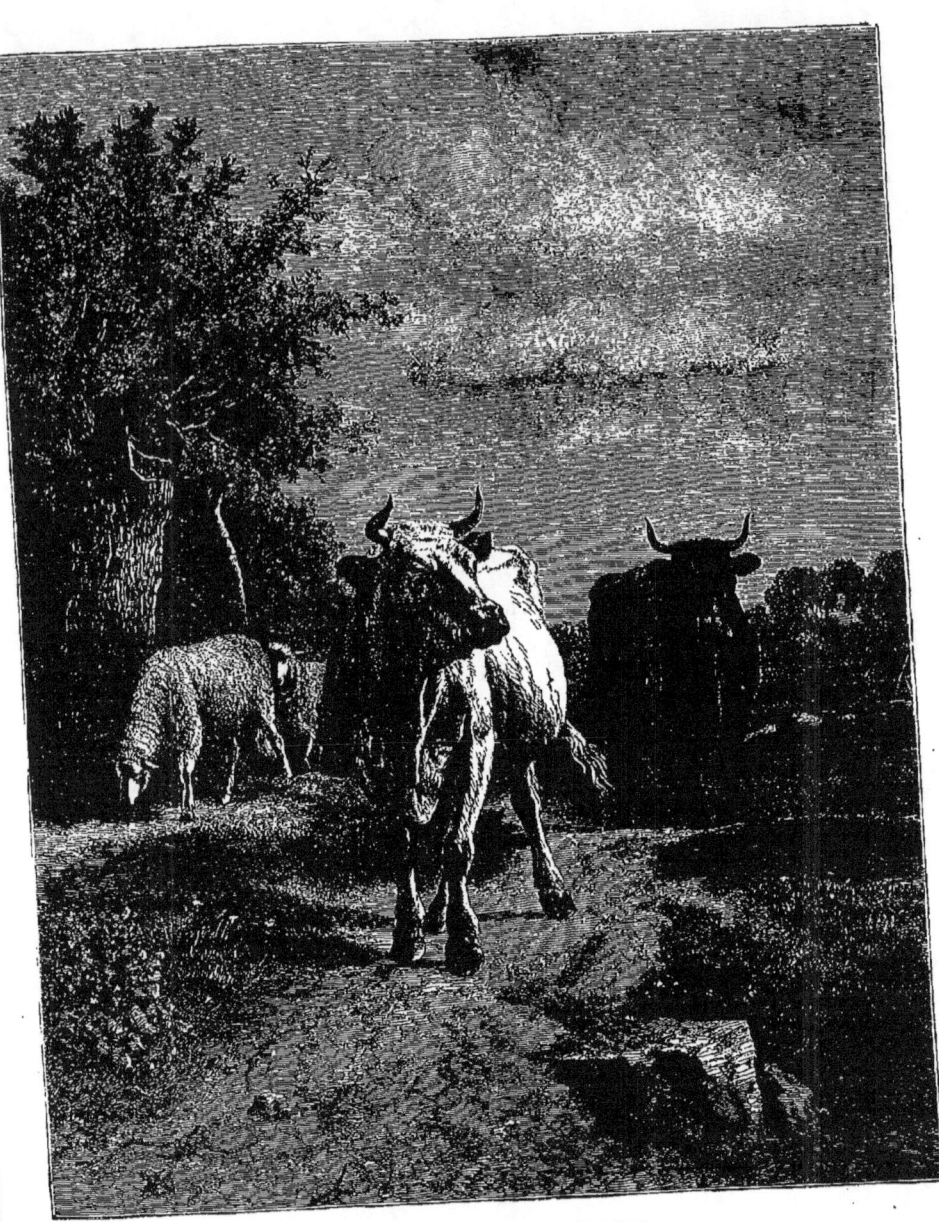

VACHES ALLANT AUX CHAMPS.
Tableau de Troyon.

et 1849, époque où l'on avait tout autre chose à faire qu'à payer la peinture, dépenser son temps et sa peine à solliciter pour de pauvres artistes des commandes et même des secours, alors que ses propres intérêts étaient probablement en souffrance. Cette bonté se combinait chez lui, à l'occasion, avec une bonhomie narquoise qui savait fort bien lancer le trait. On prononçait devant lui le nom d'un portraitiste en vogue. Troyon ajouta : « Peintre parfumeur, breveté de toutes les Cours de « l'Europe. » En parlant de ces artistes sans initiative qui forcent la nature à entrer dans leurs formules vieillottes et usées, il disait plaisamment : « Ce sont des corrompus. »

« Nous n'avons jamais surpris chez Troyon le moindre sentiment d'envie ou de dénigrement, du moins à l'égard de ses plus grands coreligionnaires en fait d'art. Il était, en effet, trop convaincu, pour ne pas se montrer intolérant à l'endroit des dissidents. Mais il se contentait de les nier sans les injurier. « Qui a jamais vu un tableau d'un tel? » nous disait-il en parlant d'un artiste décoré qui ne manquait pourtant pas de mérite.

« Il se montra toujours reconnaissant pour sa destinée toute remplie par des travaux poursuivis avec passion. Il nous disait : « J'ai toujours « été heureux », et cela au moment même où un grave désordre dans les organes visuels le menaçait de la cécité, peut-être de la misère. Il se fit électriser pendant plusieurs mois et sa vue se rétablit. Quoi qu'il en soit de l'efficacité de ce traitement, c'est à partir de cette époque que Troyon, entrant dans la plénitude de son talent qui était bien sa conquête à lui, a produit ses œuvres les plus magistrales, les plus puissantes, et en aussi grand nombre qu'on eût pu les attendre du plein épanouissement de la jeunesse.

« Pendant longtemps, une certaine modestie et sa sincérité, qui lui faisait admirer les mérites de ses confrères, l'entraînèrent, peut-être à son insu, à subir leur influence. Les traces d'aucune sorte d'imitation seraient assez difficiles à découvrir dans ses œuvres des quinze premières années, parce qu'elles y sont recouvertes par l'expression sérieusement cherchée de son sentiment personnel. Nous croyons néanmoins qu'il serait possible d'y trouver la préoccupation des moyens qui assurèrent le succès de trois ou quatre de ses contemporains. C'est dans la seconde moitié de sa carrière qu'à force d'étudier sans cesse la nature, il est arrivé à se faire si vraiment original qu'on ne saurait l'assimiler à un autre.

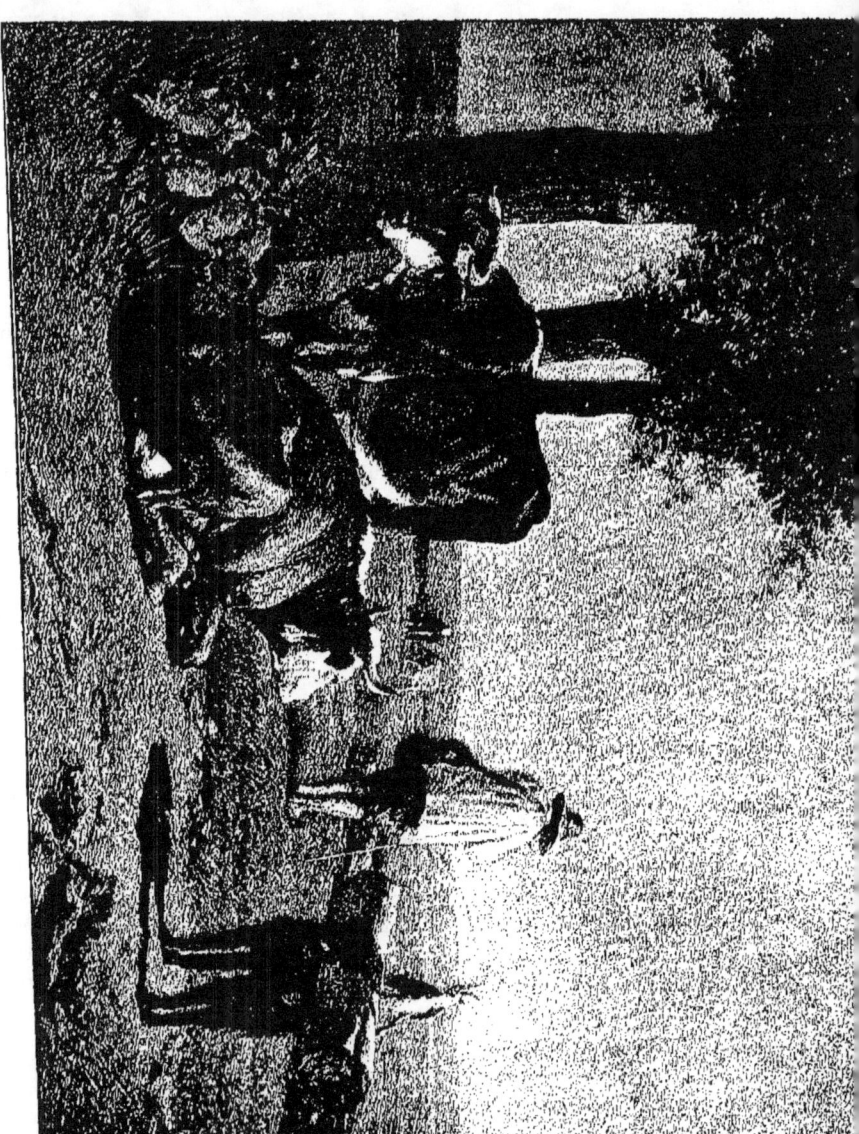

VACHES AU PATURAGE.
Tableau de Troyon.

« Nous venons de parler de sa modestie. Il avait sans doute le sentiment de sa valeur, comme les hommes de mérite de tous les siècles; ce qui ne l'empêchait pas de nous avouer simplement qu'il n'avait jamais réussi à réaliser, dans aucune de ses œuvres, l'idéal qui tourmentait son imagination. Par une expression plus naïve encore de cette modestie, il disait qu'il avait plus appris de ses élèves qu'il ne leur avait enseigné.

« Sa tendresse respectueuse pour sa mère est bien connue. Pendant toute la durée de son séjour à Paris il partait le samedi matin, et quelquefois même le vendredi, pour Sèvres où il demeurait deux ou trois jours avec elle, abandonnant pendant tout ce temps son atelier et son logement à ses élèves. Ceux-ci n'étaient pas nombreux ; on a même dit qu'il se trouvait parfois gêné et n'en acceptait que dans la crainte de les chagriner. Dans tous les cas, il n'en laissait rien paraître : il leur donnait le titre d'amis et les traitait comme tels[1]. Il n'a jamais eu d'atelier séparé pour eux. N'étant pas de ces artistes dont le talent consiste en trucs et en ficelles, et qui croient posséder des secrets dont la propriété doit être jalousement conservée, il ne craignait pas qu'on lui volât son sentiment intime, il pouvait peindre sans défiance en public, comme il le faisait surtout pendant les dernières années, demandant aux visiteurs la permission de travailler aux commandes qui lui venaient de toutes parts. Son enseignement n'avait rien de dogmatique et ne s'appuyait sur aucune théorie préconçue. Il parlait peu, regardait faire comme il se laissait regarder, louait rarement, et, au lieu de blâmer, disait parfois : « Cela « ne peut se faire ainsi. » Alors, il prenait la palette, et en quelques minutes, il avait mis à l'effet, en pleine pâte, un ciel richement tourmenté, ou rétabli dans l'ensemble de l'étude une rigoureuse harmonie d'ombre et de lumière. Celui qui recevait une pareille leçon devait s'en souvenir toute sa vie, mais cette bonne fortune pouvait ne vous arriver jamais.

[1]. Troyon avait deviné Henri Regnault. « Nous nous souvenons, raconte M. René Ménard, qu'un jour Troyon nous dit en revenant de Sèvres : « Je viens de « voir des dessins d'un enfant de huit ans qui sont bien extraordinaires. C'est le fils « de M. Regnault, le membre de l'Institut. Vous verrez que ce sera un peintre. » Nous répondîmes que son père, sans doute, aimerait mieux le diriger du côté des sciences que du côté des arts. « Eh bien, reprit Troyon, il réussira dans tout ce qu'il « voudra faire, seulement je suis sûr qu'il voudra faire des tableaux. »
La prédiction s'est accomplie.

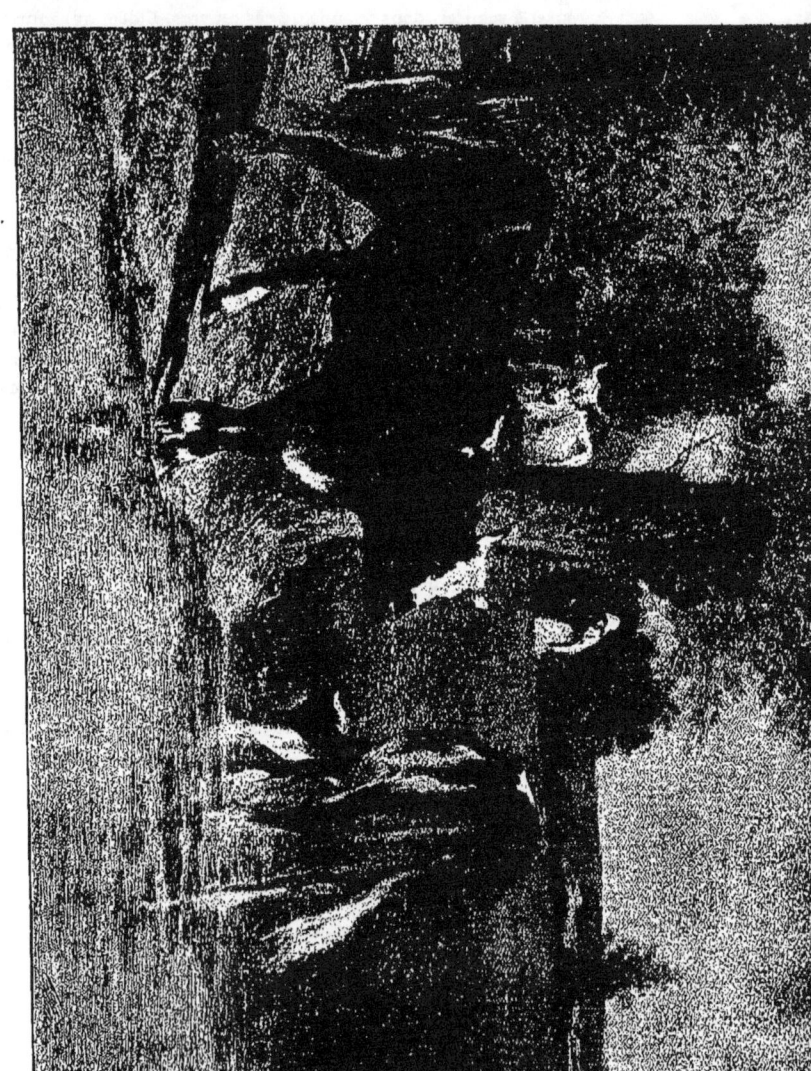

L'ABREUVOIR.
Tableau de Troyon.

« Cette rapide façon de faire n'était pas de la facilité, don funeste qui transforme en art frivole et superficiel tant de belles espérances : c'était de la sûreté, qualité tout opposée, puisqu'elle est le fond d'une longue observation et d'un travail opiniâtre; mais aussi rapportait-il pour ses travaux d'hiver une riche moisson d'admirables études. Il nous souvient qu'au retour d'une campagne en Touraine, vers 1855 ou 1856, il faisait défiler devant nous, à n'en pas finir, des toiles de bestiaux, toutes de la dimension dite académie. Et comme nous exprimions notre surprise, il nous dit très naturellement : « J'en ai fait dix-huit dans un « mois. » Ces portraits d'animaux, remarquables chacun par une vie et un caractère particulier, étaient tous d'une exécution presque complète. »

On vient de lire que Troyon allait tous les dimanches à Sèvres voir sa mère, à qui il avait toujours été reconnaissant des sacrifices qu'elle s'était imposés pour l'élever. Il s'était fait construire un atelier dans la maison qu'elle occupait, et, malgré le labeur de la semaine, il y travaillait généralement l'après-midi. De temps à autre, il aimait à visiter les salles du Musée de la Manufacture où se trouvait une collection de Desportes qui l'intéressait particulièrement. Il avait un goût prononcé pour les faïences.

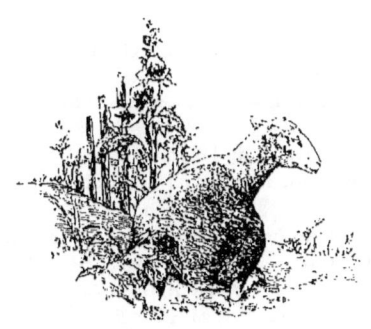

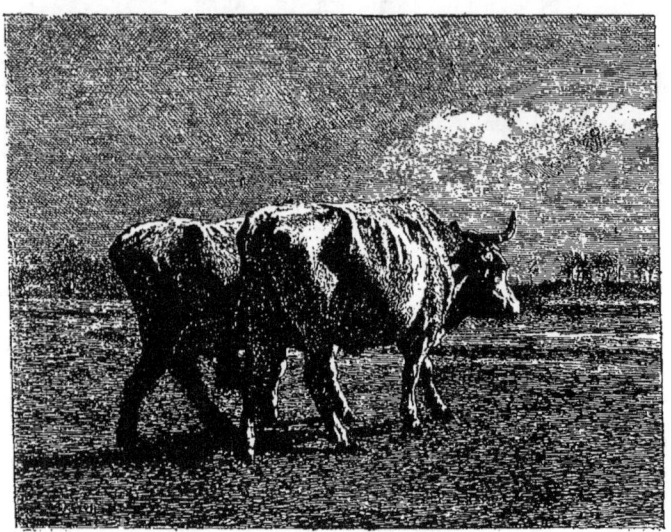

ATTELAGE DE BŒUFS.
Réduction d'une eau-forte de Toussaint, d'après le tableau de Troyon.

CHAPITRE V

Expositions. — Musées. — Collections particulières. — Ventes publiques.

Qu'est devenu l'œuvre de Troyon ?

Il est si important, si varié, qu'on éprouve quelque difficulté à préciser.

En cherchant, en compulsant maintes publications, telles que le *Trésor de la Curiosité*, de Charles Blanc, l'*Art*, le *Courrier de l'Art*, l'*Artiste*, la *Gazette des Beaux-Arts*, la *Chronique des Arts et de la Curiosité*, l'*Hôtel Drouot*, de M. Paul Eudel, les catalogues des ventes ou des expositions rétrospectives, principalement le catalogue de la vente de l'atelier de l'artiste, que le baron Ch. Davillier avait annoté avec un soin méticuleux, nous sommes parvenu cependant à suivre la trace des œuvres capitales, comme des compositions les moins réputées.

Nous livrons ici aux amateurs les résultats de ces investigations, en nous excusant tout de suite de leur aridité. Ils nous pardonneront, nous

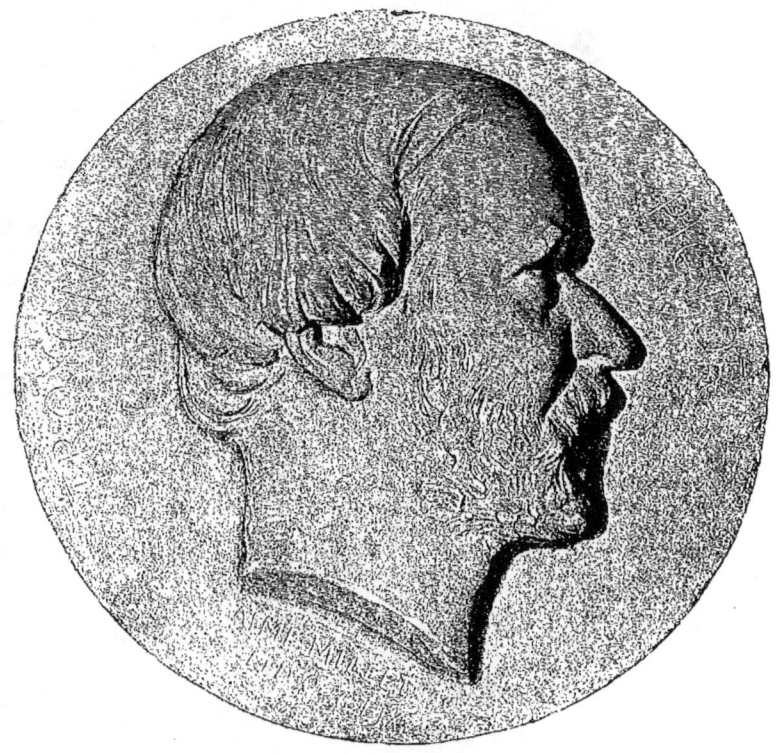

CONSTANT TROYON,
d'après le médaillon d'Aimé Millet.

l'espérons, cet exposé de bénédictin, en raison de l'intérêt particulier qu'il peut présenter, comme pièce à consulter.

LE PASSAGE DU GUÉ.
Tableau de Troyon.

MUSÉES

A tous seigneurs, tout honneur.

Ces seigneurs ce sont les Musées, qui ne possèdent que six toiles du maître : deux au Louvre, une dans chacun des Musées de Lille, d'Amiens, de Montpellier et de Bordeaux.

Bordeaux eut du reste le rare privilège de voir réunies un jour — c'était en 1866, — cinquante-deux pièces de Troyon. M. Charropin, l'ami du maître, avait eu la pieuse pensée de les rassembler pour en faire l'exposition publique.

EXPOSITIONS PUBLIQUES

Elles provenaient des collections de Mme Troyon mère, de MM. Bocquet, Boulanger, Tilliet, G. Sureau, D. Lavalard, Azevedo, Burty, comte Duchâtel, Ch. Marionneau, Roques, Bacqua, Gellinard, Debans, Grangeneuve, Bertin, E. Raoul-Duval, Sourigues, Bosc, Boucasse, Charropin, A. Bruyas, F. Lahens, Deschamps, Saint-Martin, A. Larrieu, L. Robert, Paul Maître, des héritiers Scott, et du Cercle des Beaux-Arts de Nantes.

En 1869, à l'Exposition internationale de Munich, Troyon est encore représenté par quatre œuvres importantes. Ce sont : *le Taureau blanc*, étude de soleil; *Chiens accouplés*, à M. Ravené; *Vaches et taureau sur un pré*, à M. Lustig, à Vienne; *Vaches sur une île de la Seine*, au même.

En 1870, à l'Exposition de Bordeaux, figurent également cinquante-deux Troyon, appartenant à M. Saulnier.

Treize ans plus tard, Troyon reparaissait triomphant à l'Exposition des cent chefs-d'œuvre, salle Georges Petit, avec onze toiles que nous allons énumérer en indiquant les galeries d'où elles sortaient temporairement, et qui furent gravées à l'eau-forte, pour la publication greffée par l'éditeur Baschet sur cette exhibition. C'étaient : *la Vallée de la Touques*, h. 1,90, l. 2,65; *la Barrière*, h. 1,25, l. 1,60, appartenant à M. S. Goldschmidt; *Chien aux écoutes*, h. 1,70, l. 2,17, sans nom de propriétaire; *les Hauteurs de Suresnes*, h. 1,00, l. 1,60, également sans indication de provenance; *le Gué*, h. 1,00, l. 1,60, id.; *l'Arc-en-ciel*, h. 0,80, l. 0,45, à M. Gustave Viot; *Vaches à l'abreuvoir*, h. 0,40, l. 0,60, à Mme la baronne Nathaniel de Rothschild; *Pâturage de la Touraine*, h. 1,00, l. 1,25, à Mme Maurice Cottier; *la Provision d'eau*, h. 0,68, l. 0,94, à M. le prince de Broglie; *Bœufs au labour*, h. 0,98, l. 1,30, à M. Boucheron; *l'Abreuvoir*, h. 0,40, l. 0,60, à M. Tavernier.

VENTES PUBLIQUES

Si des Musées et des Expositions nous passons aux ventes publiques, nous

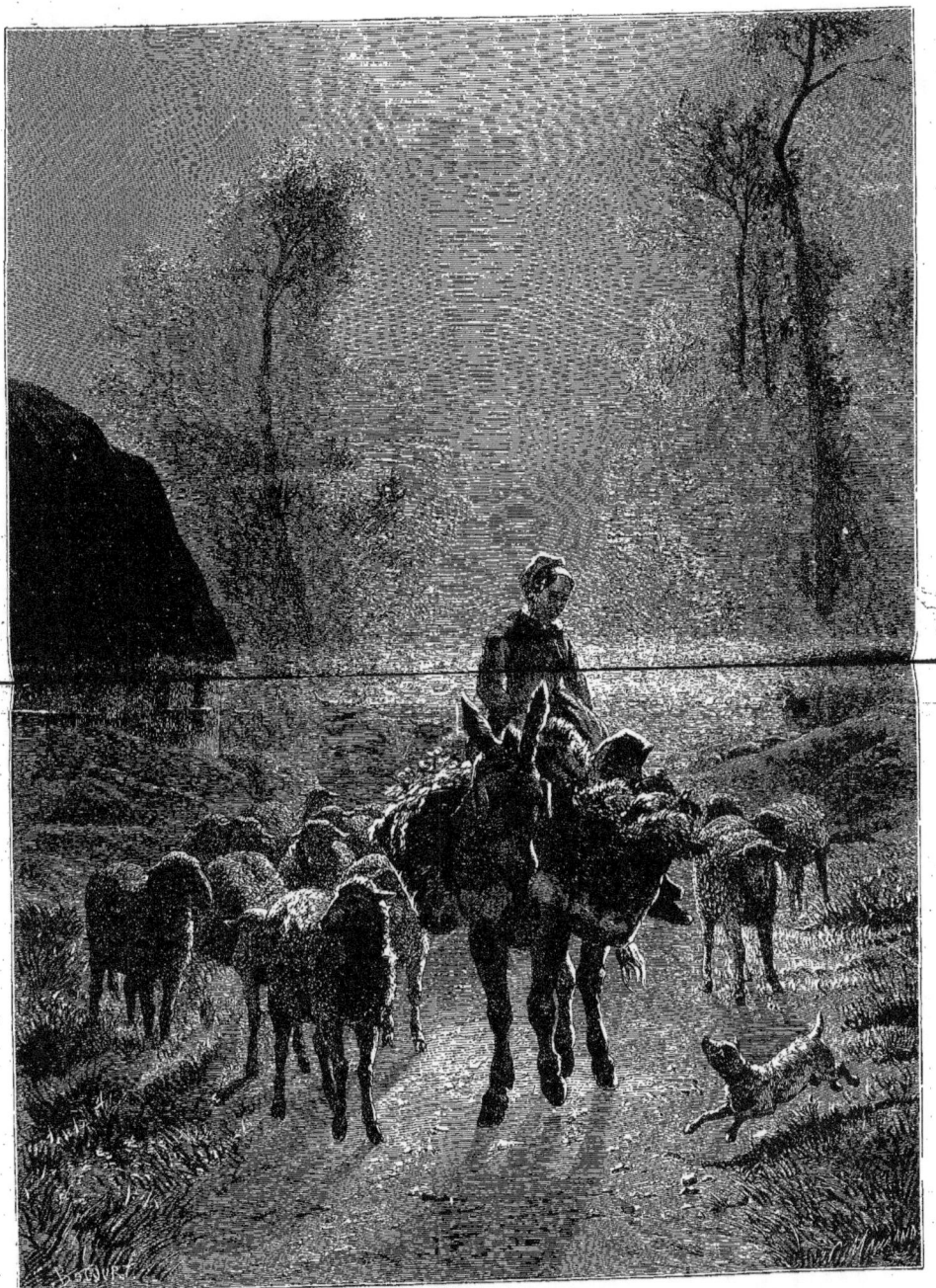

SUR LE CHEMIN DU MARCHÉ.
Tableau de Troyon.

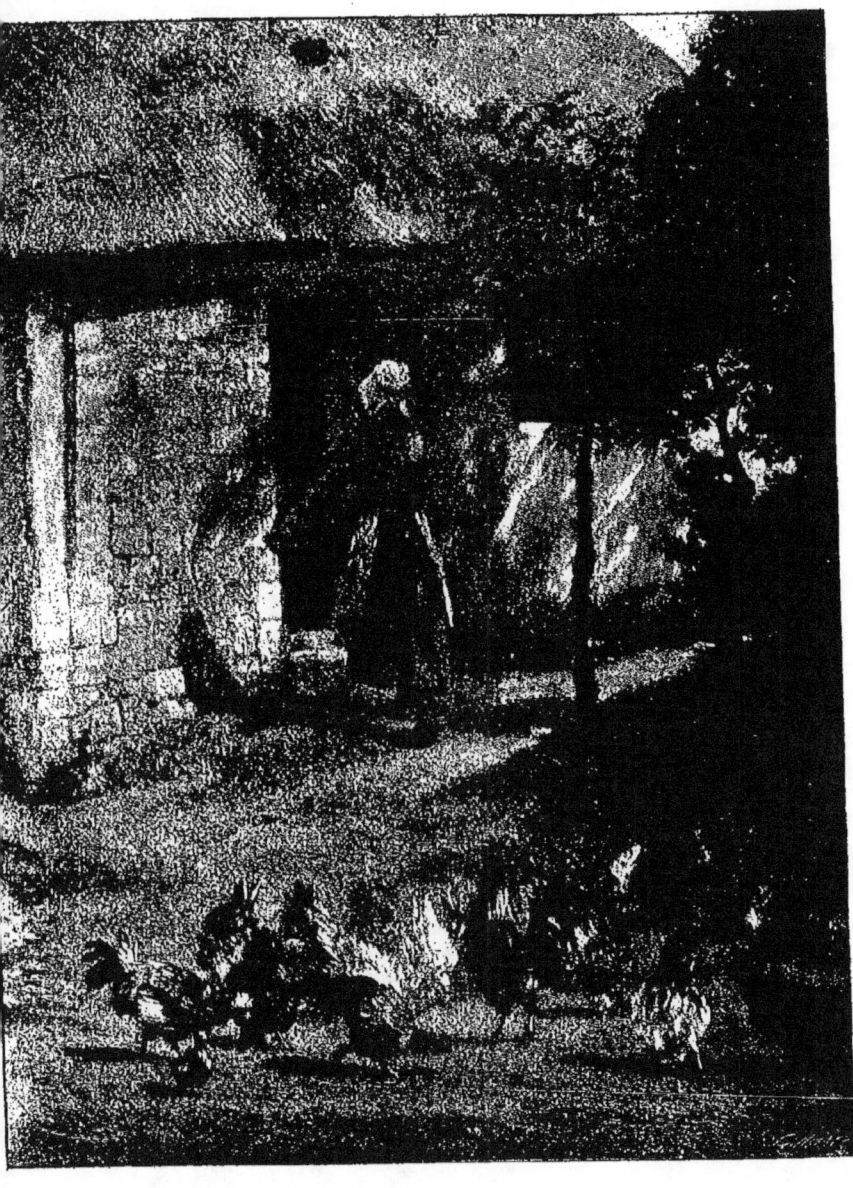

LA BASSE-COUR.
Tableau de Troyon.

erons ample moisson. Voyons d'abord celles qui eurent lieu du vivant de Troyon.

La première que nous relevions date de 1855; c'est celle de M. Barroilhet, pour le catalogue de laquelle Charles Blanc avait écrit une préface. Elle comportait cinq Troyon. Voici comment ils sont adjugés : *le Moulin*, soleil couchant, toile, h. 0,55, l. 0,45, 1,510 fr., à M. Michaud; *Bêtes au repos*, panneau, h. 0,30, l. 0,39, 1,480 fr., à M. Vertheimber; *le Retour à la ferme*, panneau, h. 0,46, l. 0,37, 560 fr., à M. Diaz; *Paysage et animaux*, panneau, h. 0,31, l. 0,40, 860 fr., à M. Michaud; *la Petite Gardeuse d'oies*, panneau, h. 0,26, l. 0,21, 930 fr., à Daubigny.

En 1856, Charles Blanc achète 305 fr. un *Effet de soleil couchant* à la vente Jules Claye.

En 1857, *les Petits Dénicheurs d'oiseaux*, h. 0,80, l. 0,74, sont payés 1,205 fr., par M. Michaud, à la vente Deforge. Quelques mois plus tard, M⁰ Pouchet adjuge des *Chiens courants au repos*, h. 1,02, l. 1,76, 5,025 fr.; *la Saulée aux vaches*, h. 0,95, l. 1,31, 6,000 fr.; *Matinée d'automne*, h. 1,20, l. 1,60, 8,000 fr.

Dans une vente qui eut lieu en 1859, à l'Hôtel Drouot, un *Retour*, par Troyon, « très fin et très clair », disent les gazettes du temps, et représentant trois vaches qui débouchent par l'angle d'un chemin creux, fut adjugé 460 fr. La même année, un *Intérieur de forêt*, agrémenté d'un paysan au milieu d'une clairière, chargeant dans sa charrette les débris d'un arbre brisé par un orage, « belle et puissante étude », disent encore les gazettes du temps, n'atteignit que 265 fr. *Les Chiens courants au lancer*, à oreilles orange, ceux-là même qui avaient figuré au Salon de 1855, furent adjugés 3,003 fr., à la vente Léon Petit (11 février 1859).

Le 28 mars de la même année, à la vente de Philippe Rousseau, *l'Approche de l'orage* était vendue 1,560 fr. « Une grande vache blanche interroge l'horizon qui se couvre de brouillard. Derrière elle, la lumière diffuse éclaire un buisson, avec une douceur et une finesse merveilleusement réussies. » Ainsi parlait le catalogue. Même année encore on vend 295 fr. une *Vieille Femme* qui s'en retourne du marché, comptant son argent, gravement assise sur son âne. Un *Paysage avec animaux*, dessin, fut vendu 140 fr., à la vente P. D. (1859). — *Le Moulin*, effet de brouillard, avec le soleil pâle derrière le corps du moulin; à droite, des vaches descendant dans l'eau, adjugé 1,530 fr. à la vente Getting fils. — *Le Retour*, représentant au tournant d'un chemin trois vaches brune, blanche, café, 625 fr. (1860). — *Vache blanche*, marchant dans un chemin suivie de son gardien; ciel couvert, 1,700 fr. (1860). — *Marine*, effet de matin, avec tons violets harmonieux, 1,020 fr. (1860). — *Vaches au pâturage*, effet d'orage, 3,000 fr. (Vente de Norzy, 1860.) — *Vaches passant un gué*, 4,200 fr. (Vente Piérard, 1860.)

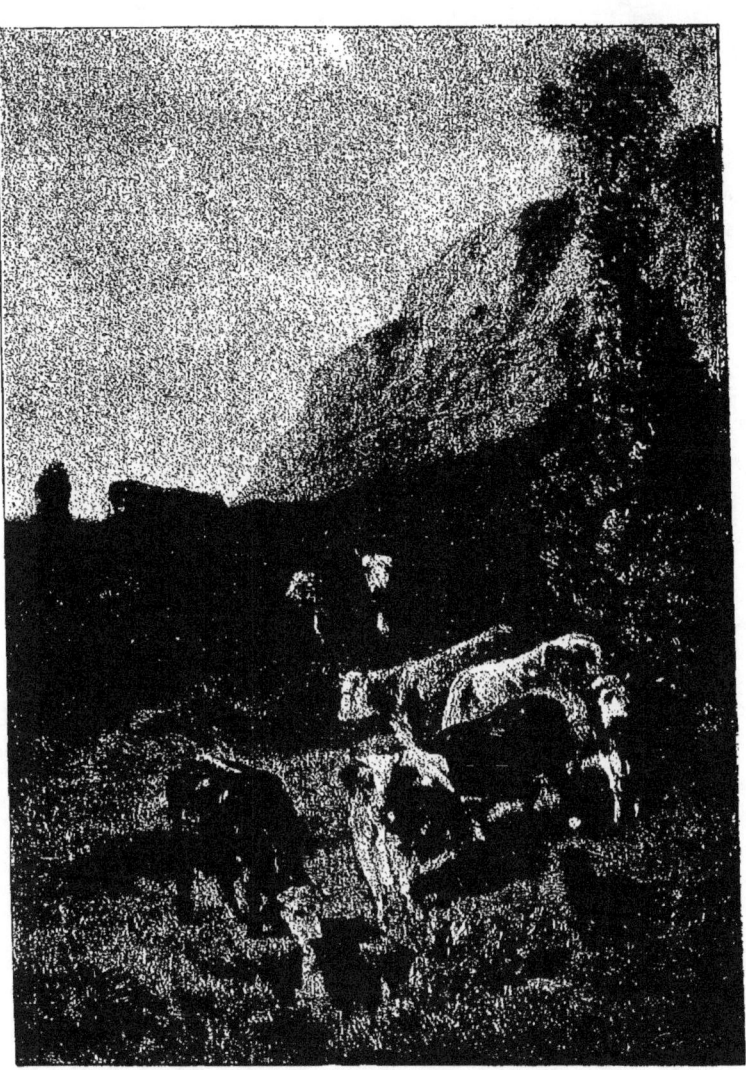

DESCENTE DE VACHES.
Tableau de Troyon.

VENTE DE L'ATELIER DE TROYON

Passons maintenant à la vente même de l'atelier de Troyon, qui eut lieu au mois de janvier 1866, par les soins de Mᵉ Charles Pillet, assisté de M. Francis Petit, expert. Elle dura plusieurs jours.

En voici le détail jour par jour :

VENTE DU LUNDI 22 JANVIER. — DU Nᵒ 1 AU Nᵒ 75.

Deux Chiens couplés, arrêtés sur la lisière d'un bois. H. 0,98, l. 1,30. — 9,000 francs, à M. Goupil.

Deux Chiens au bois ; l'un d'eux tire sur la corde qui le retient à son compagnon. H. 0,98, l. 1,30. — 8,000 francs, à M. Boquet.

Deux Chiens, couplés par une chaîne, flairent une piste. H. 0,98, l. 1,30.— 10,100 francs, à M. Frémyn.

Chariot de foin attelé de bœufs. Le conducteur est assis sur le devant. H. 0,92, l. 0,72. — 3,300 francs, à M. Goupil.

Trois Vaches descendent boire à une mare ombragée de grands saules. H. 0,98, l. 1,30. — 8,400 francs, au même.

Trois Vaches au pâturage, effet de soleil couchant par un ciel gris légèrement nuageux. H. 0,95, l. 1,30. — 7,000 francs, à M. Frémyn.

Deux Chèvres dévastant des roses trémières. H. 0,91, l. 0,72. — 4,020 francs au même.

Vache blanche dans un enclos, la tête baissée et cherchant des brins d'herbe. H. 0,73, l. 0,91. — 12,100 francs, au même.

Deux Chevaux, l'un blanc, l'autre brun, couverts tous deux de filets, attelés à une herse que conduit un laboureur. H. 0,81, l. 1,18. — 3,550 francs, à M. Goupil.

Paysanne avec mouton, debout dans une prairie et filant. H. 1,01, l. 0,81. — 2,500 francs, à M. Petit.

Vache blanche cheminant au milieu d'un troupeau de moutons, à l'entrée d'un bois. H. 0,92, l. 0,73. — 5,500 francs, à M. Hulot.

Renard pris au piège. H. 0,92, l. 0,73. — 10,200 francs, à M. Després.

Vache et mouton à l'entrée d'un bois. H. 0,81, l. 0,65. — 1,820 francs, à M. Sedelmeyer.

Vache blanche poursuivie par un chien, au milieu d'une prairie. H. 0,81, l. 1,17. — 2,900 francs, à M. Fréret.

Prairie des bords de la mer, près Trouville, avec pêcheuses de crevettes. H. 0,59, l. 0,83. — 3,400 francs, à M. Delamarre.

Attelage de bœufs allant boire à la mare. H. 0,73, l. 0,91. — 7,500 francs, à M. Frémyn.

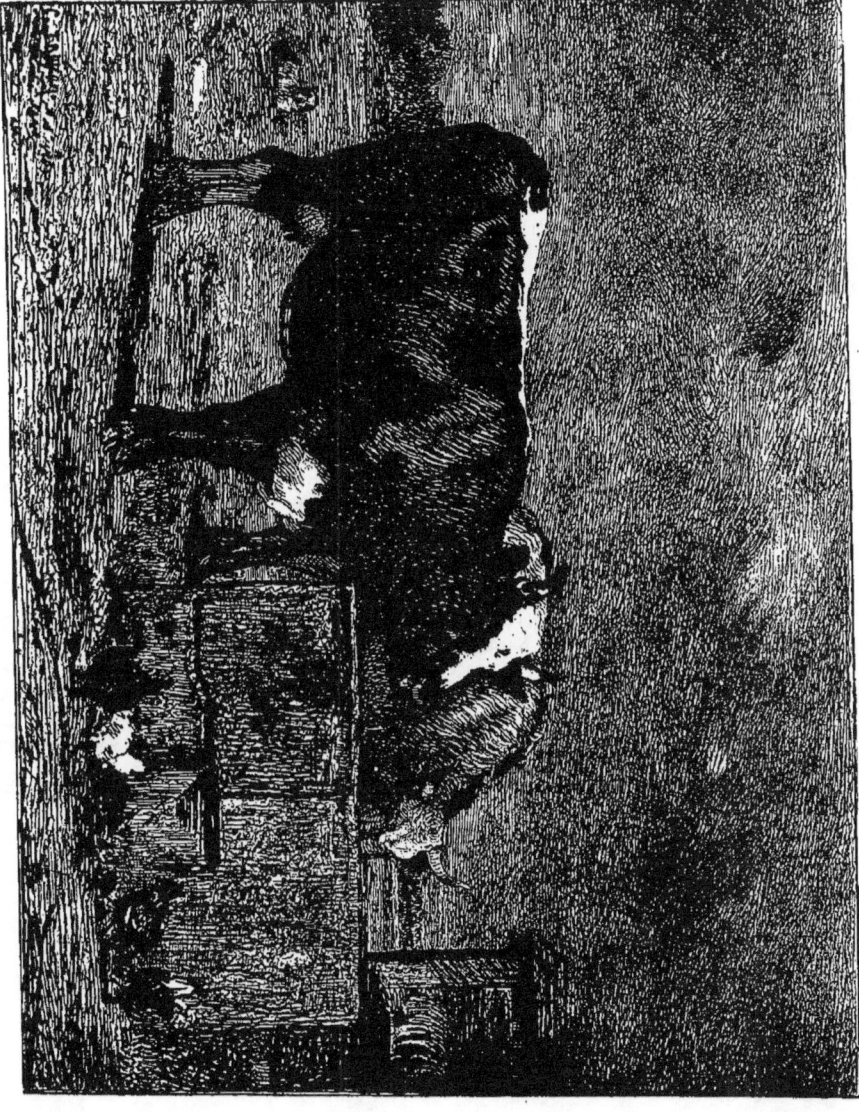

L'ABREUVOIR.
Réduction d'une eau-forte de Charles Waltner, d'après le tableau de Troyon.

Fermier et paysan, l'un sur un âne, l'autre sur un cheval gris; effet de soleil. H. 0,73, l. 0,91. — 1,700 francs, à M. Durand-Ruel.

Paysan retenant une vache blanche par sa longe; effet de plein soleil. H. 0,73, l. 0,91. — 8,000 francs, à M. Rutter.

Deux Vaches vues de croupe et paissant. H. 0,77, l. 1,30. — 2,200 francs, à M. Gariel.

Vache noire tachée de blanc et vache rouge au pâturage. H. 0,77, l. 1,03. — 2,620 francs, à M. Verdier Nonat.

Animaux suivant une route sortant d'un bois; une mare est sur la droite. H. 0,71, l. 1,00. — 3,000 francs, à M. Tédesco.

Vache et âne conduits par un paysan; effet de ciel couvert. H. 0,73, l. 0,91. — 2,700 francs, à M. Vertheimber.

Vaches, paissant dans une plaine, près d'une rivière. H. 0,66, l. 0,90. — 2,520 francs, à M. Frémyn.

Vaches couchées dans une prairie dominant la mer; soleil. H. 0,63, l. 0,93. — 6,250 francs, à M. Goupil.

Vache rousse, une clochette au cou. H. 0,58, l. 0,67. — 2,325 francs, à M. Brame.

Paysanne vue de dos, montée sur un âne et allant au marché. H. 0,65, l. 1,54. — 2,260 francs, à M. Petit.

Paysan revenant à pied par une route bordée de grands arbres. H. 0,65, l. 0,55. — 910 francs, à M. Brame.

Paysanne et jeune garçon gardant des bestiaux. H. 0,56, l. 0,79. — 3,620 francs, à M. Sedelmeyer.

Trois Vaches paissant en prairie. H. 0,52, l. 0,79. — 3,200 francs à M. Goupil.

Vache et âne noir dans une prairie. H. 0,54, l. 0,64. — 1,750 francs, à M. Sabatier.

Vallée de la Touques, avec animaux. H. 0,50, l. 0,60. — 2,200 francs, à M. Narischkine.

Pâturage normand. H. 0,46, l. 0,55. — 1,480 francs, à M. Hemmet.

Vache blanche, tachée de roux, près d'un bâtiment de ferme (paysage inachevé. H. 0,46, l. 0,55. — 1,750 francs, à M. Sedelmeyer.

Deux vaches, l'une debout, l'autre couchée. H. 0,46, l. 0,55. — 710 francs, à M. Bourges.

Vache en prairie. H. 0,48, l. 0,37. — 1,620 francs, à M. Nicolas.

Vache et ânon dans un pré. H. 0,38, l. 0,46. — 1,260 francs, à M. Petit.

Petite Paysanne aux champs. H. 0,45, l. 0,32. — 430 francs, à M. Édouard Frère.

Deux Vaches couchées dans la prairie. H. 0,32, l. 0,35. — 1,480 francs, à M. Durand-Ruel.

Cheval et palefrenier. Un troupeau de moutons est ébauché au revers de ce tableau. — H. 0,36, l. 0,49. — 1,030 francs, à M. Petit.

Deux Moutons. H. 0,32, l. 0,40. — 1,040 francs, à M. Goupil.

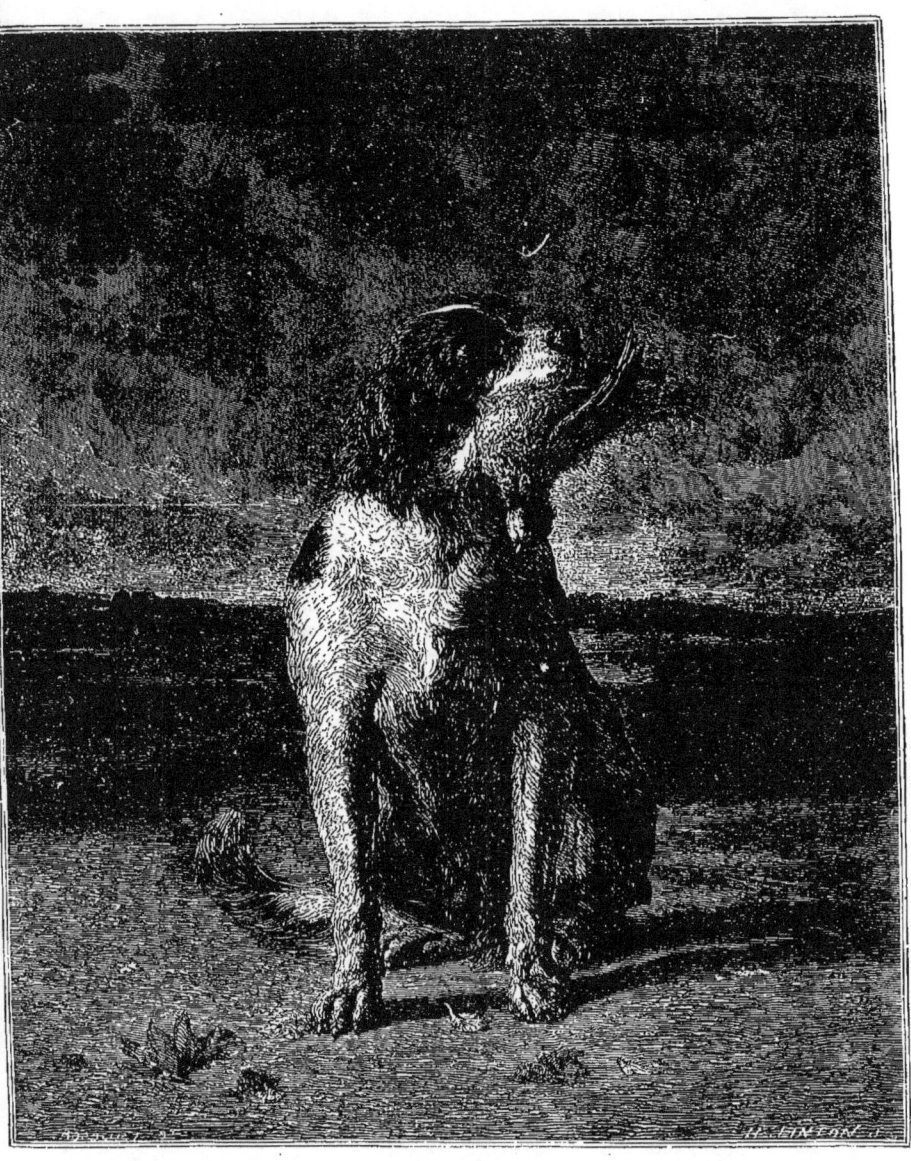

CHIEN DE CHASSE.
Tableau de Troyon.

Troupeau de moutons au repos dans une prairie; effet de ciel orageux. H. 0,32, l. 0,35. — 630 francs, à M. Petit.

Troupeau de moutons et cabane de berger en prairie. H. 0,34, l. 41 — 1,500 francs, à M. Nicolas.

Troupeau de moutons entrant dans un bois. H. 0,29, l. 0,44. — 1,050 francs, à M. Brame.

Deux Moutons, l'un avec une clochette au cou. H. 0,31, l. 0,40. — 970 francs, à M. Weyl.

Vache dans un pâturage. H. 0,23, l. 0,36. — 710 francs, à M. Goupil.

Vaches couchées dans une prairie. H. 0,32, l. 0,19. — 1,040 francs, à un inconnu.

Poules picorant dans un pré. H. 0,19, l. 0,34. — 510 francs, à M. Goupil.

Une Vache brune et deux moutons en marche dans une prairie (un troisième mouton est resté inachevé). H. 0,80, l. 1,00. — 3,160 francs, à M. Weyl.

Deux Vaches suivant le bord d'un étang (paysage inachevé). H. 0,73, . 0,91. — 1,820 francs, au même.

Deux Chevaux revenant du labour (paysage inachevé). H. 0,73, l. 0,91. — 2,200 francs, à M. Goupil.

Paysage, avec de nombreux animaux. H. 0,64, l. 0,81. — 3,650 francs, au même.

Renards. H. 0,60, l. 0,50. — 820 francs, à M. Plantié.

La Route du marché (panneau décoratif). H. 1,06, l. 1,12. — 3,520 francs, à M. Weyl.

Animaux venant boire à une rivière; effet du matin (panneau décoratif). H. 0,88, l. 0,79. — 2,150 francs, à M. Petit.

Animaux au repos au bord de la mer, près du Havre (panneau décoratif). H. 0,88, l. 0,79. — 3.550 francs, au même.

Troupeau de moutons paissant en plaine; effet de ciel couvert. H. 0,24, l. 0,41. — 500 francs, à M. Mortier.

Troupeau de moutons descendant en plaine. H. 0,25, l. 0,35. — 635 francs, à M. Weyl.

Atelier de bûcheron (paysage avec étude de plantes). H. 0,54, l. 0,64. — 950 francs, à M. Normand.

Bois dominant la mer. H. 0,65, l. 0,80. — 1,250 francs, à M. Brizard.

Le Cours de la Seine. H. 0,65, l. 0,80. — 1,240 francs, à M. Goupil.

La Seine, près d'Harfleur. H. 0,65, l. 080. — 1,330 francs, à M. Nicolas.

Coupe de bois. H. 0,42, l. 0,55. — 1,150 francs, à M. Weyl.

Paysage après l'orage; effet d'arc-en-ciel. H. 0,35, l. 0,50. — 766 francs, à M. Détrimont.

Effet de soleil sous bois. H. 37, l. 0,25. — 300 francs, à M. de Chambine.

Route sortant d'un bois; effet de soleil couchant. H. 0,37, l. 0,53. — 1,560 francs, à M. le baron Nathaniel de Rothschild.

Paysage; petit pont de bois traversant un ruisseau. H. 0,33, l. 0,47. — 1,030 francs, à M. Narischkine.

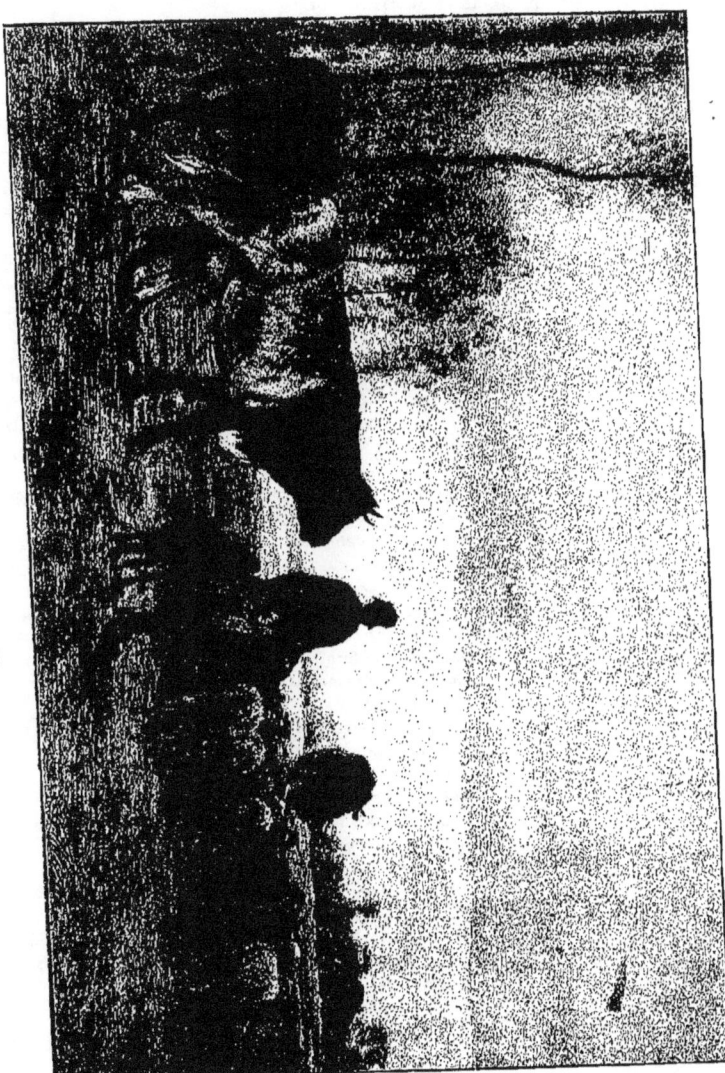

LE RETOUR A LA FERME.
Tableau de Troyon.

Étang rempli de hautes herbes, au milieu d'un bois. H. 0,32, l. 0,29. — 465 francs, à M. Détrimont.

Cours d'eau près d'un bouquet de bois. H. 0,25, l. 0,36. — 620 francs, à M. Brame.

Ruisseau traversant une prairie; effet d'orage. H. 0,28, l. 0,36. — 540 francs, à M. Gariel.

Paysage; coupe de bois. H. 0,27, l. 0,36. — 760 francs, à M. Dehan.

La Mer, près de Trouville. H. 0,22, l. 0,33. — 410 francs, à M. Normand.

Total de la première vacation : 188,070 francs.

VENTE DU MARDI 23 JANVIER. — DU N° 75 AU N° 150.

Deux paires de bœufs, sous le joug, prennent une route à l'entrée d'un bois; effet de soleil dans le brouillard. H. 0,96, l. 1,29. — 20,300 francs, à M. Rutter.

Des animaux et une femme à âne, sortis d'un bac, sur lequel reste encore une carriole de fermier; le soleil couchant se reflète vivement dans la rivière. H. 0,91, l. 1,29. — 8,000 francs, à M. Goupil.

Quatre bœufs conduits par des valets de ferme tirent une charrue que mène le laboureur; effet de soleil à l'automne. H. 0,98, l. 1,30. — 6,850 francs, à M. Brame.

Groupe de quatre chiens écossais noirs, à longs poils; paysage de montagnes. H. 0,87, l. 1,11. — 10,000 francs, à M. P. Lagarde.

Troupeau de moutons cheminant dans une prairie dominant la mer aux environs d'Honfleur. H. 0,81, l. 1,16. — 3,900 francs, à M. Arthur Stevens.

Chien de berger courant après des vaches dans une prairie; le ciel est orageux à l'horizon. H. 0,86, l. 1,00. — 4,300 francs, au même.

Deux bœufs revenant du labourage sont réunis par un joug et conduits par un jeune garçon de ferme. H. 0,92, l. 1,30. — 5,650 francs, à M. Weyl.

Brebis et son agneau dans une prairie. H. 1,17, l. 0,89. — 2,550 francs, à M. Redington.

Effet de pluie. Une paysanne couverte d'un parapluie rouge suit un chemin bordé du côté gauche par un bois. H. 0,73, l. 0,91. — 7,500 francs, à M. P. Lagarde.

Vache blanche et vache brune dans une prairie; un chien court après elles en aboyant. H. 0,81, l. 1,17. — 2,180 francs, à M. Ouachée.

Mendiante et ses enfants arrêtés à la porte d'une maison de paysan. H. 0,81, l. 0,65. — 2,225 francs, à M. Gariel.

Petite paysanne debout au milieu d'un fourré, tenant une branche à la main. H. 0,81, l. 0,59. — 1,500 francs, à M. Petit.

Effet de soleil. Une fermière trait une de ses vaches, deux autres sont couchées dans l'herbe; plus loin un troupeau de moutons. H. 0,82, l. 1,17. — 4,850 francs, à M. Weyl.

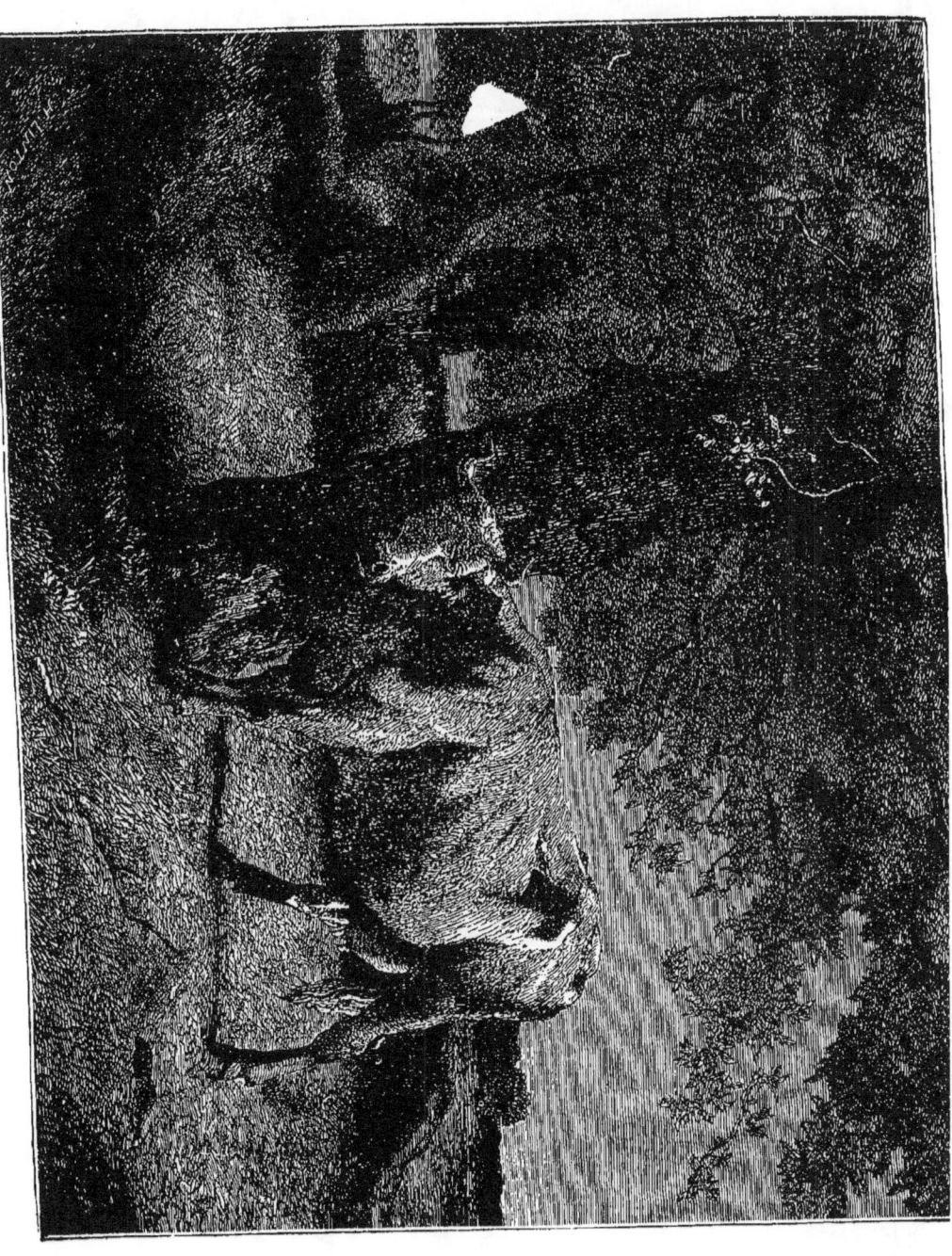

LA VACHE QUI SE GRATTE.
Tableau de Troyon.

Faon courant à travers plaine. H. 0,71, l. 0 92. — 1,420 francs, à M. Plantié.

Valet de chiens conduisant un relais en forêt. H. 0,73, l. 0,91. — 6,250 francs, à M. Rogeot.

Vache brune près d'une mare; effet du soir. H. 0,73, l. 0,91. — 2,300 francs, à M. de Banneville.

Vache paissant dans un enclos; un chien aboie après elle. H. 0,66, l. 0,90. — 3,000 francs, à M. Brame.

Deux Vaches dans un bois, près d'une mare. H. 0,73, l. 0,91. — 2,250 francs, à M. Asseline.

Vaches et moutons rentrant à la ferme; effet de soleil. H. 0,73, l. 0,59. — 1.900 francs, à M. Cordier.

Vache grise arrêtée près d'un bouquet d'arbres, dans une prairie. H. 0,65, l..0,81. — 1,450 francs, à M. le comte de Choiseul.

Bœuf blanc taché de roux. H. 0,92, l. 0,73. — 3,500 francs, à M. Brame.

Vache brune tachée de blanc, vue de croupe. H. 0,92, l. 0,73. — 1,750 francs, à M. Bourges.

Vache brune, vue de trois quarts de face. H. 0,92, l. 0,73. — 1,500 francs, à M. Goupil.

Vache rousse et blanche, vue de trois quarts et de croupe. H. 0.92, l. 0,73. — 1,450 francs, à M. Brame.

Paysan conduisant une vache blanche et fuyant l'orage. H. 0,59, l. 0,79. — 8,400 francs, à M. Binant.

Fermière cheminant dans une carriole attelée d'un âne. H. 0,60, l. 0,73. — 2,550 francs, à M. Buon.

Vache blanche en marche dans un enclos de ferme; effet de soleil. H. 0,60, l. 0,73. — 3,550 francs, à M. Brame.

Bœuf et poules dans une prairie. H. 0.60, l. 0,45. — 1,720 francs, à M. Morel.

Paysanne montée sur un âne dont les paniers sont remplis de légumes. H. 0,60, l. 0,50. — 1,480 francs, à M. Petit.

Deux Vaches près d'une mare où sont des canards. H. 0,54, l. 0,64. — 2,620 francs, à M. Roy.

Trois paires de bœufs revenant du labour. H. 0,54, l. 0,64. — 1,650 francs, à M. Petit.

Charrette de foin attelée de deux chevaux, arrêtée au milieu d'une prairie; le ciel est orageux. H. 0,54, l. 0,64. — 5,500 francs, au même.

Bœuf roux dans un paysage. H. 0,49, l. 0,59. — 1,285 francs, au même.

Bœuf et autres animaux dans une prairie. H. 0,45, l. 0,60. — 1,360 francs, à M. Sedelmeyer.

Bœuf roux, la tête marquée de blanc. H. 0,45, l. 0,60. — 2,520 francs, à M. du Thillet.

Vache noire tachée de blanc, et vache rousse buvant à une auge, près d'un

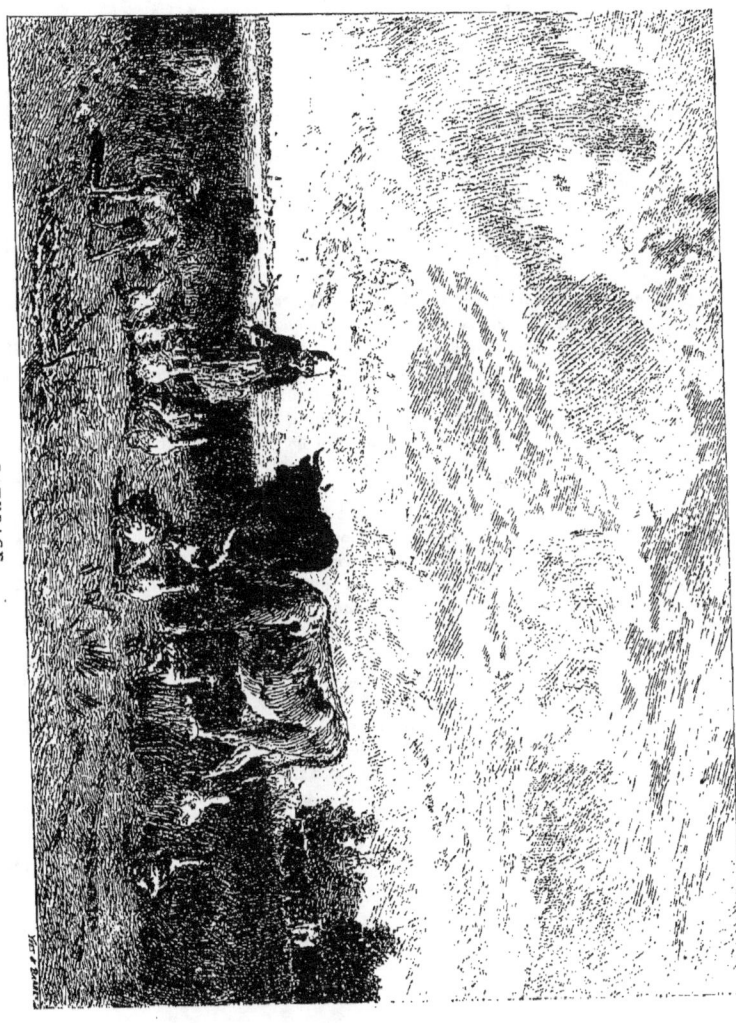

PATURAGE.
Fac-similé d'une eau-forte de Charles Courtry d'après le tableau de Troyon.

puits en plaine; poules et coq; effet de ciel orageux. H. 0,41, l. 0,56. — 6,600 francs, à M. N. de Rothschild.

Vache broutant des branches d'arbres dans un bois. H. 0,38, l. 0,45. — 1,230 francs, à M. Bourges.

Un Attelage de bœufs. H. 0,38, l. 0,46. — 2,050 francs, à M. Rutter.

Femme de pêcheur raccommodant un filet; intérieur. H. 0,35, l. 0,29. — 380 francs, à M. Fernandez.

Moutons dans une prairie. H. 0,38, l. 0,46. — 1,280 francs, à M. Brame.

Deux Vaches dans une prairie. H. 0,35, l. 0,53. — 750 francs, à M. Sedelmeyer.

Vache couchée dans la plaine; effet d'arc-en-ciel après l'orage. H. 0,31, l. 0,45. — 1,120 francs, à M. Cardon.

Vache qui pisse. H. 0,31, l. 0,40. — 780 francs, à M. Mame.

Moutons sous bois. H. 0,27, l. 0,34. — 805 francs, à M. Championnière.

Un Taureau. H. 0,27, l. 0,34. — 2,125 francs, à M. Petit.

Paysan conduisant un troupeau d'oies. H. 0,23, l. 0,31. — 610 francs, à M. Sedelmeyer.

Vache couchée, vue de dos, dans une prairie; effet de soleil. H. 0,21, l. 0,27. — 420 francs, à M. Franz Quantinet.

Deux Vaches et un troupeau de moutons, sur une route bordée de grands arbres (inachevé). H. 1,26, l. 0,97. — 2,350 francs, à M. Sedelmeyer.

Trois Vaches conduites par une femme traversent un pont (inachevé). H. 0,60, l. 0,78. — 1,880 francs, à M. Nieuwenhuysen.

Bœuf dans une prairie. H. 0,60, l. 0,78. — 1,340 francs, à M. Rutter.

Paysanne montée sur un âne, traversant un chemin bordé d'arbres et de maisons; effet de soleil levant (ébauche). H. 0,80, l. 0,64. — 1,400 francs, à M. Creuse.

Renard poursuivant un canard sauvage (paysage ébauché). H. 1,30, l. 0,97. — 950 francs, à M. Goupil.

Vaches arrêtées près d'un grand bois, au soleil couchant; deux d'entre elles boivent à une mare. H. 0,65, l. 0,91. — 1,720 francs, à M. Rutter.

Groupe de moutons près d'un bois. H. 0,54, l. 0,64. — 1,160 francs, à M. Goupil.

Troupeau de moutons. H. 0,54, l. 0,64. — 1,300 francs, à M. Sabatier.

Troupeau de moutons noirs; effet de soleil couchant. H. 0,45, l. 0,55. — 1,280 francs, à M. Boischevalier.

Paysan monté sur un âne et traversant un gué. H. 0,34, l. 0,45. — 860 francs, à M. Leturcq.

Paysage, chemin passant sous des arbres et traversé par un cours d'eau. H. 0,81, l. 0,65. — 1,760 francs, à M. Sédille.

Femme sortant d'un enclos bordé de grands arbres, paysage avec étude de plantes. H. 0,54, l. 0,64. — 2,000 francs, à M. Hulot.

Route avec de grands arbres. Paysage avec deux figures d'hommes. H. 0,54, l. 0,64. — 1,620 francs, à M. Goupil.

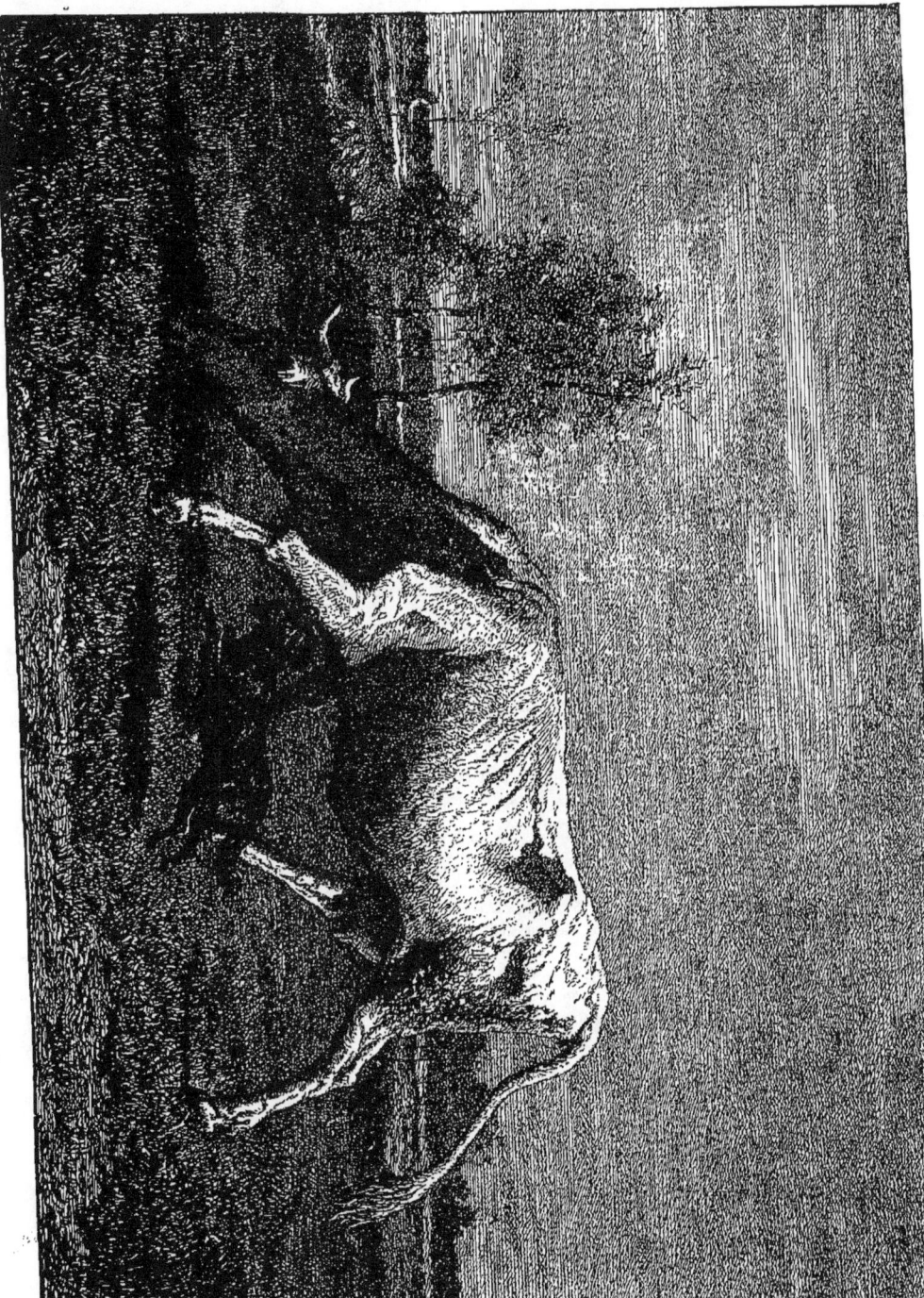

AU PÂTURAGE.
Tableau de Troyon.

Environs d'Honfleur. Paysage avec quelques animaux. H. 0,72, l. 0,82. — 1,630 francs, à M. Brame.

Vue de la Vallée de la Touques. H. 0,59, l. 0,81. — 1,420 francs, à M. Sabatier.

Autre *Vue de la Vallée de la Touques.* H. 0,50, l. 0,80. — 1,600 francs, à M. Morel.

Une Vanne sous des grands arbres. H. 0,50, l. 0,60. — 1,020 francs, à M. Frémyn.

Étang entouré d'arbres. H. 0,43, l. 0,60. — 735 francs, à M. Tassin.

Chemin traversant un bois. H. 0,46, l. 0,55. — 920 francs, à M. Brame.

Lisière de bois. H. 0.40, l. 0,29. — 580 francs, au même.

Pont traversant un ruisseau sous les arbres. H. 0,40, l. 0,32.— 880 francs, au même.

Paysage; études de bruyère et de genêts. H. 0,40, l. 0,32. — 205 francs, au même.

Un Chemin creux; effet de soleil par un ciel orageux. H. 0,35, l. 0,25. — 960 francs, à M. Boquet.

Mare près d'un bâtiment de ferme. H. 0,35, l. 0,27. — 1,380 francs, à M. Petit.

Marine. H. 0,26, l. 0,19. — 350 francs, à M. Boudet.

Paysage d'automne; effet du matin. H. 0,15, l. 0,25. — 225 francs, M. Théavit de Lacroix.

VENTE DES 25, 26 ET 27 JANVIER

Comprenant les études d'après nature, les compositions et tableaux inachevés.

151. *Vache et génisse dans un enclos, près d'une ferme.* H. 0,81, l. 1,17.— 1,710 francs, à M. Surville.

152. *Deux Chevaux attelés à une herse conduite par un paysan.* H. 0,59, l. 0,77. — 1,630 francs, à M. Frémyn.

153. *Vache paissant près d'une rivière bordée de saules.* H. 0,81, l. 1,17.— 795 francs, à M. Détrimont.

154. *Vache blanche tachée de roux.* H. 0,77, l. 1,03. — 1,135 francs, à M. Brame.

155. *Troupeau de moutons*, venant de face. H. 0,73, l. 0,91.—1,150 francs, à M. Surville.

156. *Vache noire et chien.* H. 0,73, l. 0,91. — 700 francs, à M. Petit.

157. *Deux Vaches rousses dans une prairie.* H. 0,73, l. 0,91.— 1,080 francs, à M. Saint-Martin.

158. *Troupeau de moutons arrêtés sur une route bordée d'arbres.* H. 0,45, l. 0,72. — 1,010 francs, à M. Duval.

159. *Paysan emplissant un tonneau d'eau à une mare.* H. 0,54, l. 0,64. — 730 francs, à M. Baroche.

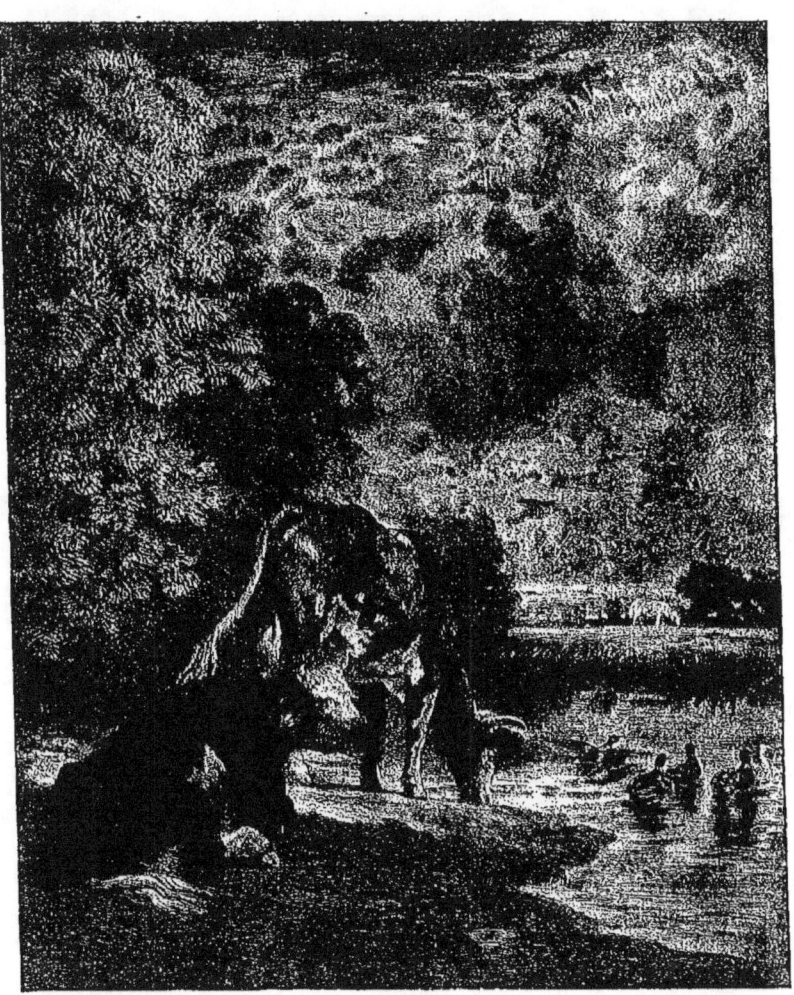

L'ABREUVOIR.
Tableau de Troyon.

160. *Vache paissant.* H. 0,54, l. 0,64. — 1,105 francs, à M. Surville.
161. *Vache conduite par un paysan;* effet de soleil couchant. H. 0,50, l. 0,68. — 800 francs, à M. Bloche.
162. *Animaux couchés dans une prairie.* Retiré de la vente.
163. *Groupe de moutons.* H. 0,59, l. 0,73. — 1,010 francs, à M. Bucquet.
164. *Chien de garde aboyant après une poule et ses poussins.* H. 0,54, l. 0,64. — 880 francs, à M. Haritoff.
165. *Moutons.* H. 0,40, l. 0,51. Retiré de la vente.
166. *Un Cheval.* H. 0,46, l. 0,38. — 360 francs, à M. Petit.
167. *Groupe d'un troupeau de moutons.* H. 0,46, l. 0,38. — 420 francs, à M. de Saint-Martin.
168. *Vache paissant.* H. 0,47, l. 0,33. — 440 francs, à M. Gelois.
169. *Intérieur d'étable.* H. 0,38, l. 0,46. Étude pour une Nativité. Retiré de la vente.
170. *Vache en marche.* H. 0,38, l. 0,46. — 280 francs, à M. Normand.
171. *Groupe de mendiants.* H. 0,40, l. 0,32. — 210 francs, à M. Hulot.
172. *Pâturage, près de Trouville,* H. 0,40, l. 0,33. — 610 francs, à M. le chevalier Alfred de Knyff.
173. *Retour de chasse;* projet de tableau. H. 0,37, l. 0,46. — 301 francs, à M. Détrimont.
174. *Abatis dans un bois.* H. 0,72, l. 0,51. — 670 francs, à M. Bellangé.
175. *Dessous de bois.* H. 0,61, l. 0,50. — 650 francs, à M. Carrié.
176. *Allée de bois.* H. 0,55, l. 0,46. Retiré de la vente.
177. *Lac bordé de rochers et de montagnes.* H. 0,47, l. 0,64. — 930 francs, à M. Hulot.
178. *Bac et chaloupes amarrés sur le rivage.* H. 0,50, l. 0,60. — 1,520 francs, à M. Normand.
179. *Paysage;* étude de plantes. H. 0,46, l. 0,55. — 510 francs, à M. Robert.
180. *Prairie, près de la mer.* H. 0,50, l. 0,60. — 820 francs, à M. Frémyn.
181. *Chemin bordé d'arbres, près d'une mare.* H. 0,54, l. 0,46. — 395 francs, à M. Garnier.
182. *Prairie des bords de la Touques.* — H. 0,41, l. 0,59. — 1,290 francs à M. Quantinet.
183. *Roseaux et arbres près d'un étang.* H. 0,37, l. 0,45. — 505 francs, à M. Jacquette.
184. *Meules.* H. 0,24, l. 0,39. Retiré de la vente.
185. *La Seine, près d'Honfleur.* H. 0,36, l. 0,46. — 1,560 francs, à M. Hulot.
186. *Champ de blé près d'un bois.* H. 0,46, l. 0,37. — 550 francs, au même.
187. *Chêne sur une falaise.* H. 0,46, l. 0,37. — 575 francs, à M. Gayaut.
188. *Chemin et bois près d'une ferme.* H. 0,45, l. 0,37. — 401 francs, à M. Dubuisson.
189. *Allée sous bois.* H. 0,45, l. 0,34. — 700 francs, à M. Brame.

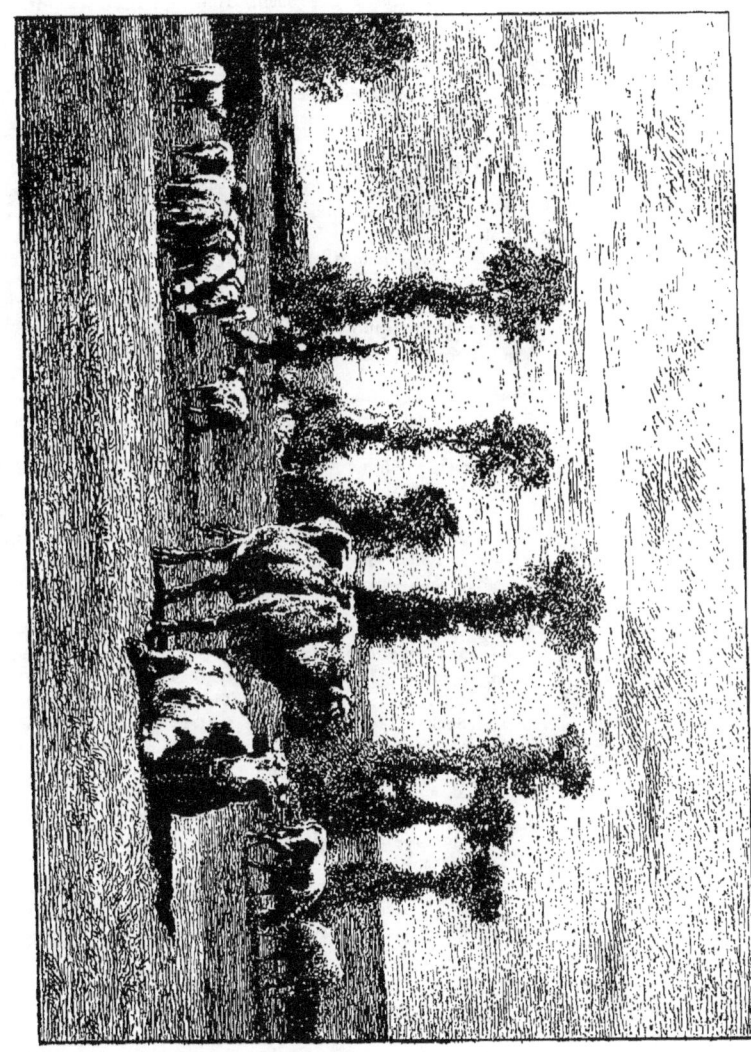

PATURAGE NORMAND.
Réduction d'une eau-forte de Chaigneau, d'après le tableau de Troyon.

190. *Mare dans une cour de ferme.* H. 0,37, l. 0,25. — 200 francs, à M. Lafond.
191. *Saules au bord de l'eau.* H. 0,32, l. 0,40. — 320 francs, à M. Duval.
192. *Maisons, près Trouville.* H. 0,38, l. 0,46. — 215 francs, à M. Frémyn.
193. *Paysage;* effet de soleil couchant dans la pluie. H. 0,72, l. 0,91. — 720 francs, à M. Petit.
194. *Un Bac.* H. 0,65, l. 0,50. — 1,210 francs, à M. Frémyn.
195. *Passage d'un bac.* H. 0,65, l. 0,80. — 610 francs, à M. Petit.
196. *Rivage de la mer, près Harfleur.* H. 0,65, l. 0,80. — 695 francs, au même.
197. *Une Clairière.* H. 0,55, l. 0,78. — 450 francs, à M. Duval.
198. *Rivage, près d'Honfleur.* H. 0,54, l. 0,64. — 110 francs, à M. Gelois.
199. *Bord d'un étang avec de grands arbres.* H. 0,55, l. 0,45.— 365 francs, à M. Petit.
200. *Moulin dans les dunes.* H. 0,40, l. 0,59. — Retiré de la vente.

A partir de ce numéro, le catalogue groupe les études par 5, 10, 20, suivant leur importance, sans désignations plus précises que celles que nous consignons ici :

201 à 247. *Compositions, esquisses, études.*

201. Diéterle, 500 francs. — 202. Beugniet, 240 francs. — 203. Diéterle, 175 francs. — 204. Michel, 1,975 francs. — 205. Boucher, 150 francs. — 208. Beugniet, 780 francs.— 209. Brisard, 215 francs.— 210. De Haury, 470 francs. — 211. Pron, 250 francs. — 212. Surville, 200 francs. — 213. Brame, 1,050 francs. — 214. De Knyff, 510 francs. — 215. Bellangé, 615 francs. — 216. De Knyff, 780 francs.— 219. Petit, 340 francs. — 220. Brisard, 210 francs. — 221. Petit, 530 francs. — 222. Bocquet, 1,560 francs. — 223. Barroilhet, 226 francs. — 224. Détrimont, 205 francs. — 225. Détrimont, 231 francs. — 227. Carrier, 240 francs. — 228. Surville, 685 francs. — 229. Verdier Nonat, 175 francs.— 230. Bocquet, 265 francs.— 231. Sedelmeyer, 460 francs. — 233. Jacquette, 580 francs. — 234. Beugniet, 210 francs. — 235. Jacquette, 605 francs. — 236. Petit, 45 francs.— 237. Assegond, 110 francs.— 238. Petit, 200 francs. — 239. Détrimont, 161 francs. — 240. Moureaux, 430 francs. — 241. Séchan, 315 francs. — 242. Détrimont, 200 francs. — 243. Bocquet, 500 francs. — 244. Séchan, 360 francs.— 245. Michel, 630 francs. — 246. Latouche, 151 francs.— 247. Petit, 175 francs.

248 à 254. — *Animaux, bœufs, vaches, etc.* Sept études.

248. Brame, 450 francs. — 249. Diéterle, 131 francs. — 250. Riésel, 155 francs. — 251. Petit, 46 francs. — 252. Chaillou, 42 francs. — 254. Ptilo, 285 francs.

255 à 263. — *Animaux, bœufs, vaches.* Neuf études.

255. Tixier, 220 francs. — 256. Michel, 615 francs. — 257. Moureaux, 660 francs. — 258. D'Estaing, 890 francs. — 259. Verrière, 120 francs. —

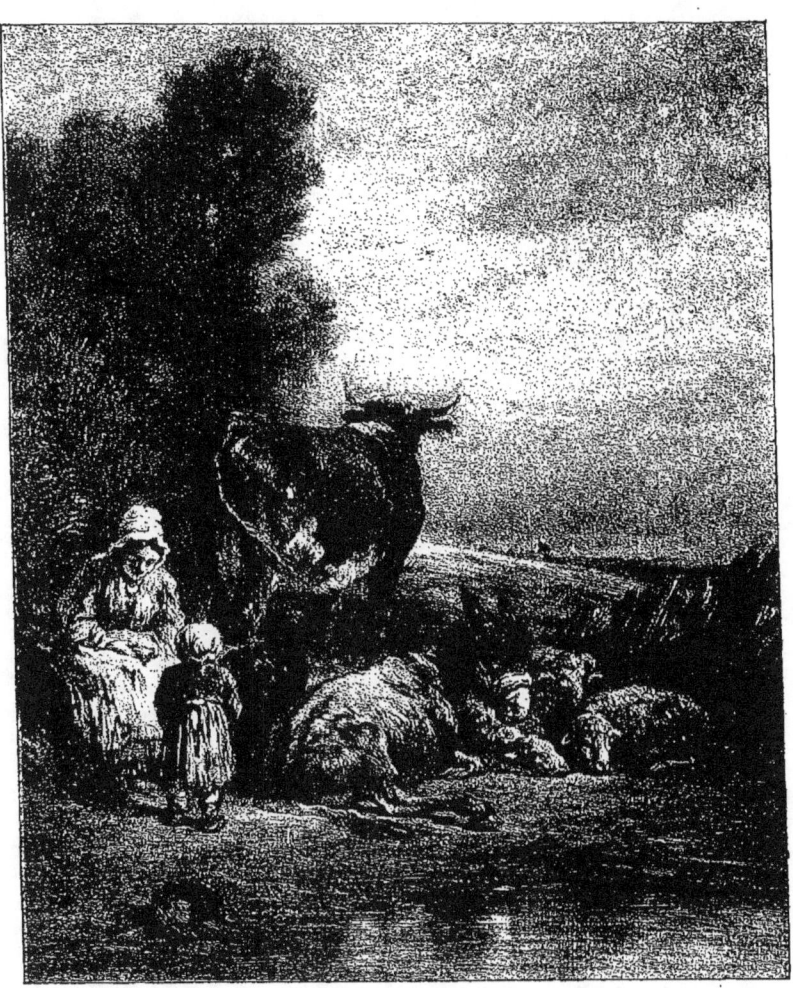

REPOS.
Réduction d'une lithographie d'Eugène Le Roux, d'après le tableau de Troyon.

260. Robert, 400 francs.— 261. Bourges, 225 francs.— 262. Brame, 315 francs.
— 263. Asseline, 130 francs.

264 à 268. — *Animaux, bœufs, vaches*. Cinq études.

264. Clerget, 600 francs. — 265. Aubry, 440 francs. — 266. Petit, 115 francs. — 267. Bocquet, 190 francs. — 268. De Knyff, 610 francs.

269 à 272. — *Chevaux, chiens et moutons*. Quatre études.

269. Brame, 355 francs. — 270. Détrimont, 175 francs. — 271. Brame, 168 francs.

273 à 284. — *Douze études, pochades, fragments ou détails*.

273. Surville, 116 francs. — 274. Surville, 67 francs. — 275. Diéterle, 115 francs. — 276. Bricard, 76 francs. — 277. Ptilo, 82 francs. — 278. Daumesnil, 32 francs. — 279. Charlet, 105 francs. — 280. Moreau, 75 francs. — 281. Brame, 66 francs. — 282. Moureaux, 56 francs. — 283. Normand, 72 francs. — 284. Petit, 67 francs.

285 à 295. — *Paysages au soleil couchant*. Onze études.

286. Ph. Burty, 70 francs. — 287. Seillière, 205 francs. — 288. Seillière, 200 francs. — 289. Texier, 89 francs. — 290. Barroilhet, 210 francs. — 291. Détrimont, 59 francs. — 292. Roth, 240 francs. — 293. Petit, 60 francs. — 294. Jacquette, 155 francs. — 295. Détrimont, 200 francs.

296 à 300. — *Paysages, dessous de bois*. Cinq études.

296. Brame, 56 francs. — 297. Brame, 205 francs. — 298. Bulot, 68 francs. — 299. Bocquet, 210 francs. — 300. Sédille, 220 francs.

301 à 307. — *Paysages. Vues des Pyrénées*. Sept études.

301. Foucaucourt, 52 francs. — 302. Sédille, 530 francs. — 303. M. P..., 83 francs.— 304. Surville, 280 francs.— 305. Garnier, 485 francs.— 306. Petit, 97 francs. — 307. Surville, 400 francs.

308 à 322. — *Paysages. Vues diverses*. Quinze études.

308. Carrié, 405 francs.— 309. Roth, 356 francs.— 310. Mame, 180 francs. — 311. Détrimont, 276 francs. — 312. Lagarde, 140 francs. — 313. Seillière, 350 francs.— 314. Latouche, 107 francs.— 315. Petit, 50 francs.— 316. Chaillou, 245 francs. — 317. P..., 210 francs. — 318. Petit, 140 francs. — 319. Sedelmeyer, 255 francs.— 320. Bourges, 185 francs. — 321. Surville, 335 francs. — 322. Petit, 150 francs.

323 à 337. — *Paysages. Petits panneaux*. Quinze études.

323. Charlet (Charles Pillet), 67 francs. — 324. Diéterle, 85 francs. — 325. Brame, 170 francs. — 326. Assegond, 57 francs. — 327. Brisard, 85 francs. — 328. Robert, 70 francs. — 329. Burty, 70 francs. — 330. Charlet, 98 francs.— 331. Brame, 125 francs. — 332. Stevens, 72 francs. — 333. Brisard, 70 francs. — 334. Surville, 145 francs. — 335. Duthillet, 615 francs. — 336. Bourges, 240 francs. — 337. Bachard, 152 francs.

338 à 343. — *Paysages*. Six ébauches.

338. Jacquette, 255 francs. — 339. Frémyn, 185 francs. — 340. Crenert, 130 francs. — 341. Surville, 200 francs. — 342. P..., 33 francs. — 343. Petit, 95 francs.

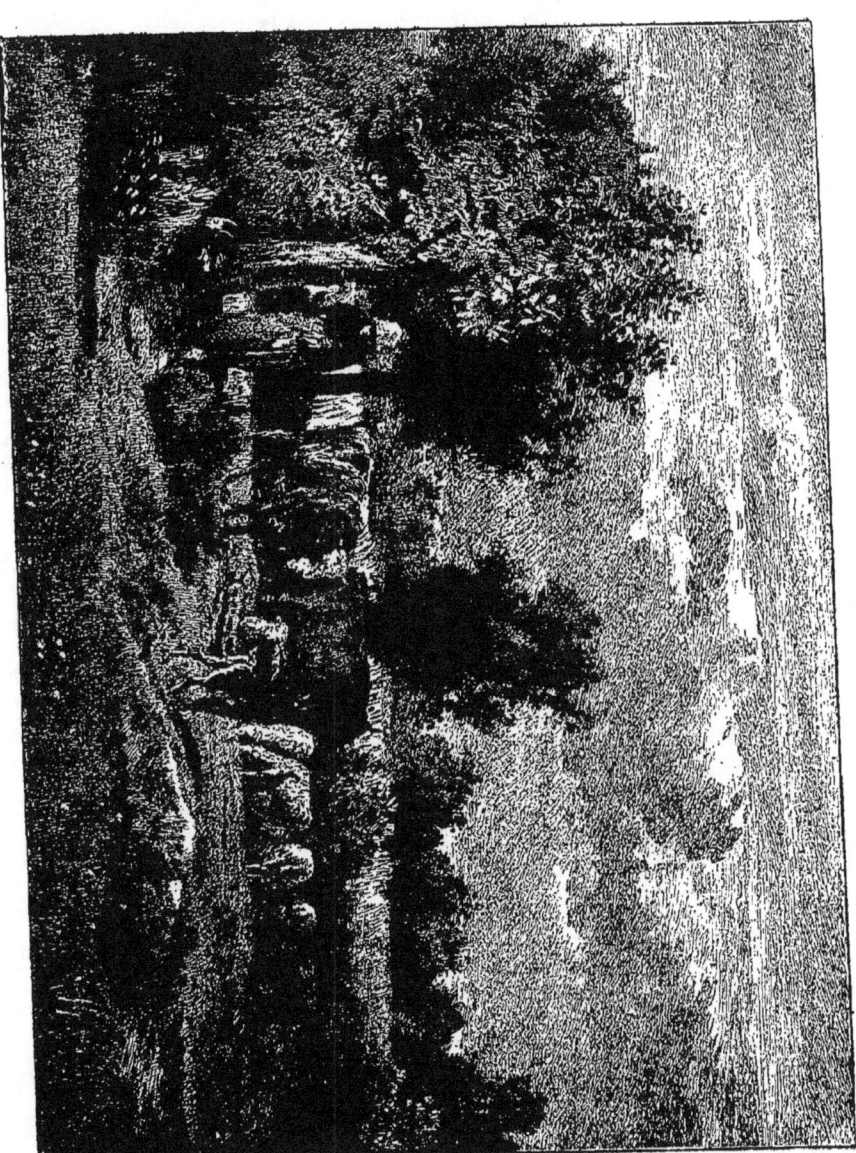

EN NORMANDIE.
Réduction d'une eau-forte de Charles Courtry, d'après le tableau de Troyon.

344 à 350. — *Paysages des bords de la mer*. Sept études.

344. Brame, 850 francs. — 345. De Haussy, 600 francs. — 346. Bocquet, 700 francs. — 347. Robert, 150 francs. — 348. Schneider, 205 francs. — 349. Lavalard, 185 francs. — 350. Petit, 465 francs.

351 à 360. — *Marines*. Dix études.

351. Brame, 280 francs. — 352. Diéterle, 80 francs. — 353. Bocquet, 190 francs. — 354. Brame, 255 francs. — 355. Diéterle, 133 francs. — 356. Surville, 126 francs. — 357. Goldschmidt, 360 francs. — 358. Brame, 210 francs. — 359. Gambry, 160 francs. — 360. Diéterle, 980 francs.

361 à 370. — *Plages et bords de mer.* — Dix études.

361. Latouche, 195 francs. — 362. Petit, 115 francs. — 363. Bocquet, 180 francs. — 364. Brisard, 135 francs. — 365. Bocquet, 130 francs. — 366. Au même, 300 francs. — 367. Dubuisson, 205 francs. — 368. Petit, 300 francs. — 369. Au même, 105 francs. — 370. Baroilhet, 91 francs.

371 à 383. — *Effets du ciel.* Treize études.

371. Foucaucourt, 24 francs. — 372. Mortier, 95 francs. — 373. Normand, 58 francs. — 374. Groiseiller, 45 francs. — 375. Stevenot, 705 francs. — 376. Coppert, 75 francs. — 377. P..., 26 francs. — 378. Schneider, 27 francs. 379. Foucaucourt, 50 francs. — 380. Foucaucourt, 40 francs. — 381. Normand, 65 francs. — 382. Sedelmeyer, 17 francs.

384 à 391. — *Plantes*. Huit études.

384. Pulot, 55 francs. — 385. Delange, 265 francs. — 386. Bocquet, 178 francs. — 387. Dihan, 150 francs. — 388. Bocquet, 125 francs. — 389. Pulot, 120 francs. — 390. Surville, 134 francs. — 391. Pulot, 178 francs.

392 à 398. *Figures et compositions.* Sept études.

392. Jacquette, 180 francs. — 394. Schneider, 70 francs. — 395. Sedelmeyer, 64 francs. — 396. Détrimont, 92 francs. — 397. Aramier, 85 francs. — 398. Brame, 320 francs.

L'Exposition des dessins, pastels, aquarelles, dessins en feuilles et croquis, eut lieu le 28 janvier. La vente s'en poursuivit les 29, 30, 31 janvier et jeudi 1er février.

Nous croyons superflu d'en donner ici les résultats détaillés. Bornons-nous à indiquer que les prix ont varié de 5 francs minimum, à 250 francs maximum, et que les acquéreurs furent en grande majorité ceux-là même qui avaient acheté des tableaux et dont on connaît par conséquent les noms par le travail que nous donnons ci-dessus; la plupart étaient des marchands de tableaux.

A la suite on adjugea les tableaux qui formaient la collection particulière de Troyon.

Par là se termina la vente de l'atelier. Elle avait nécessité huit vacations et atteint un chiffre total de 501,517 francs. La fortune réalisée par Troyon représentait, d'après les déclarations faites à l'enregistrement antérieurement à la vente, 700,000 francs en chiffres ronds. Mme Troyon mère hérita donc de 1,200,000 francs. La digne femme, — qui était née blanchisseuse tout comme

LES HAUTEURS DE SURESNES.
Tableau de Troyon.

la maréchale Lefebvre, — n'en resta pas moins simple, modeste comme devant, bonne et généreuse surtout, car elle secourut bien des misères et releva le courage de plus d'un désespéré. Elle mourut en avril 1872, après avoir fondé un prix perpétuel de 12,000 francs en faveur de l'artiste pauvre qui se distingue dans le genre auquel son fils a dû sa réputation et sa fortune.

VENTES POSTÉRIEURES AU DÉCÈS

Il n'y en eut guère les premières années. La chronique de l'Hôtel Drouot n'en signale point du moins. Les œuvres du maître sont classées, conservées, et ce n'est qu'en 1871 que l'on voit reparaître les *Vaches buvant à une mare*, h. 0,40, l. 0,32, de la collection Vertheimber, adjugées à 10,200 fr.

Le 19 janvier 1872, un *Paysage*, avec troupeau de moutons, est vendu 4,400 francs; le 12 février, on vend 25,500 francs des *Animaux près d'une mare*, h. 0,88, l. 0,72 ; et 6,510 francs une *Marine*, h. 0,60, l. 0,36.

C'est le 19 du même mois qu'a lieu la vente de la collection Michel de Trétaigne. Ses quatre Troyon atteignent les prix suivants : *Vaches buvant près d'un bac*, 32.800 francs; *Animaux au pâturage*, 29,500 francs; *le Gué*, 25,200 francs ; *Animaux sous bois*, 3.900 francs.

Les *Animaux surpris par l'orage*, toile superbe peinte par Troyon en 1855, et qui dépendait de la collection Paturle, sont adjugés à 63,000 francs, le 28 février. Cette œuvre capitale du maître fait partie du précieux Cabinet de M. le baron Albert de Rothschild, à Vienne.

Le 16 mars, M. Barroilhet fait une nouvelle vente. *Cinq vaches dans une prairie* sont laissées pour 2,600 francs. Enfin, le 22 avril, une *Vue prise dans le parc de Saint-Cloud*, œuvre de début, est vendue 300 francs.

En 1873, un *Paysage* avec bétail et figures, qui faisait partie de la collection Pender, est vendu, à Londres, 1,417 guinées[1]; les *Côtes de Normandie*, de la collection Auguste Belmont, atteignent, à New-York, 1,850 dollars[2]. M. Hollander achète à la vente Wilson, pour une somme de 33,000 francs, *la Mare aux vaches*, pour 22,000 francs; les *Bûcherons* qui, avant 1848, avaient été, sur commande, payés 6,000 francs à l'artiste.

Six Troyon figuraient dans la collection Laurent-Richard. Ils atteignent, à la vente du 7 avril, les prix suivants : *le Gué*, 62,000 francs; *Berger et moutons*, 41,700 francs; *Vaches au soleil couchant*, 27.050 francs; *Retour du troupeau*, 25,500 francs; *Animaux à l'ombre au bord d'une mare*, 19,200 francs ; *Garde et chiens*, 15,950 francs.

Le 28 avril a lieu, à l'Hôtel Drouot, la vente de la collection Everard. Un *Dernier Jour d'été* de Troyon y est vendu 26,500 francs ; des *Chevaux à la herse*, 800 francs.

1. La guinée équivaut à 1 francs 32 centimes.
2. Le dollar vaut 5 francs.

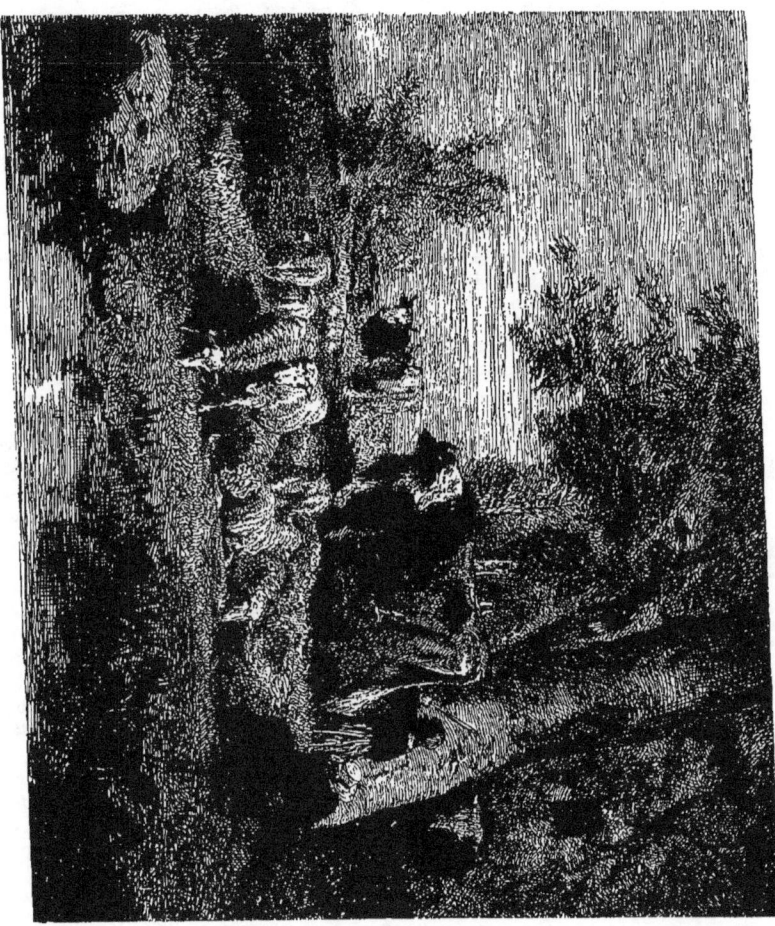

LA MARE.
Réduction d'une eau-forte d'Aug. Lançon, d'après le tableau de Troyon.

Enfin, le 7 juin, *le Berger ramenant son troupeau*, qui faisait partie de la collection Faure, est vendu 17,200 francs.

Le 31 mars 1874, deux toiles de Troyon, provenant de la collection de M. S***, repassent sous le feu des enchères. Dans la notice placée en tête du catalogue, M. Charles Yriarte les décrit ainsi :

« Troyon est représenté par deux œuvres : *la Récolte des pommes* (43) et *Environs d'Honfleur* (42). Dans le premier paysage, il a accumulé dans un enclos plein de soleil les éléments de dix tableaux qu'il peindra plus tard ; et dans le second, il a cherché à rendre l'aridité des plaines au bord des côtes, où les arbres malingres, battus par les vents, penchent sous la rafale ; des moutons cheminent à la lisière d'un bois ; la mer, à l'horizon, se confond avec la ligne des nuages. La première toile, où la Seine se joue à l'horizon, est une toile heureuse et gaie ; la seconde est sobre, large d'exécution, d'une belle ligne et d'une impression juste. »

La première, h. 0,59, l. 0,80, fut vendue 11,000 francs ; la seconde h. 0,80, l. 0,87, 26,000 francs.

Enfin, le 20 avril, un *Taureau* trouve acquéreur pour 11,500 francs.

En mars 1875, un amateur de Vienne fait vendre à Paris sa galerie. *Un Paysan* de Troyon emplissant un tonneau y est vendu 1,505 francs. Le mois suivant, *la Saulée* atteint 24,200 francs ; *la Vache blanche* poursuivie par un chien, 10.400 francs ; *Un Pâturage* des environs de Trouville, 12,000 francs ; *Un Paysage normand*, 2,780 francs ; *la Plage de Villerville*, 3,600 francs ; *le Retour à la ferme*, 35,000 francs ; *l'Abreuvoir*, 27,550 francs.

C'est par la vente d'un dessin au fusain et au pastel, retouché à l'huile dans les lumières, et représentant des bûcherons, que s'ouvre pour Troyon l'année 1876. Ce dessin faisait partie de la collection Soutzo. Il fut vendu 1,330 francs. Le 9 mai, quatre œuvres, appartenant à M. Liebermann, passaient sous le feu des enchères. C'étaient : *Un Pâturage de Normandie*, adjugé 35,200 francs ; *le Retour*, 6,350 francs ; *le Chemin du marché*, 5,450 francs ; *Deux Vaches à l'étable*, 2,200 francs. Le 11, nouvelles adjudications : *Bœufs au labour*, 29,600 francs ; *En chemin pour le marché*, 5,000 francs ; *le Gué*, 13,500 francs ; *Troupeau en marche*, 8,050 francs ; *Mare bordée de saules*, 1,340 francs.

Diaz possédait une étude de Troyon, représentant un troupeau de moutons au repos. Elle fut adjugée 820 francs dans sa vente après décès, en janvier 1877. En février, *l'Abreuvoir* — voir page 81 — qui était passé dans la collection Suermondt, atteignit 35,000 francs — les délicats regardent à bon droit ce tableau comme l'œuvre la plus parfaite du maître ; — en mars, *Un Chien de berger*, de la collection du baron J. de Hauff, fut adjugé à 23,500 fr. ; en avril, *le Passage du pont*, 15,000 francs, et des *Vaches au pâturage*, 13,500 francs. (Collection de M. W..., de Bruxelles.)

M. Oppenheim avait acheté des *Animaux à l'Abreuvoir* et un *Pâturage*. Ils furent revendus, le premier, 26,100 fr., le second, 62,000 fr.

Si nous passons à l'année 1878, nous trouvons, en mars, *la Provende des poules*, adjugée à 7,705 fr. et revendue exactement ce même prix en mai ; cinq

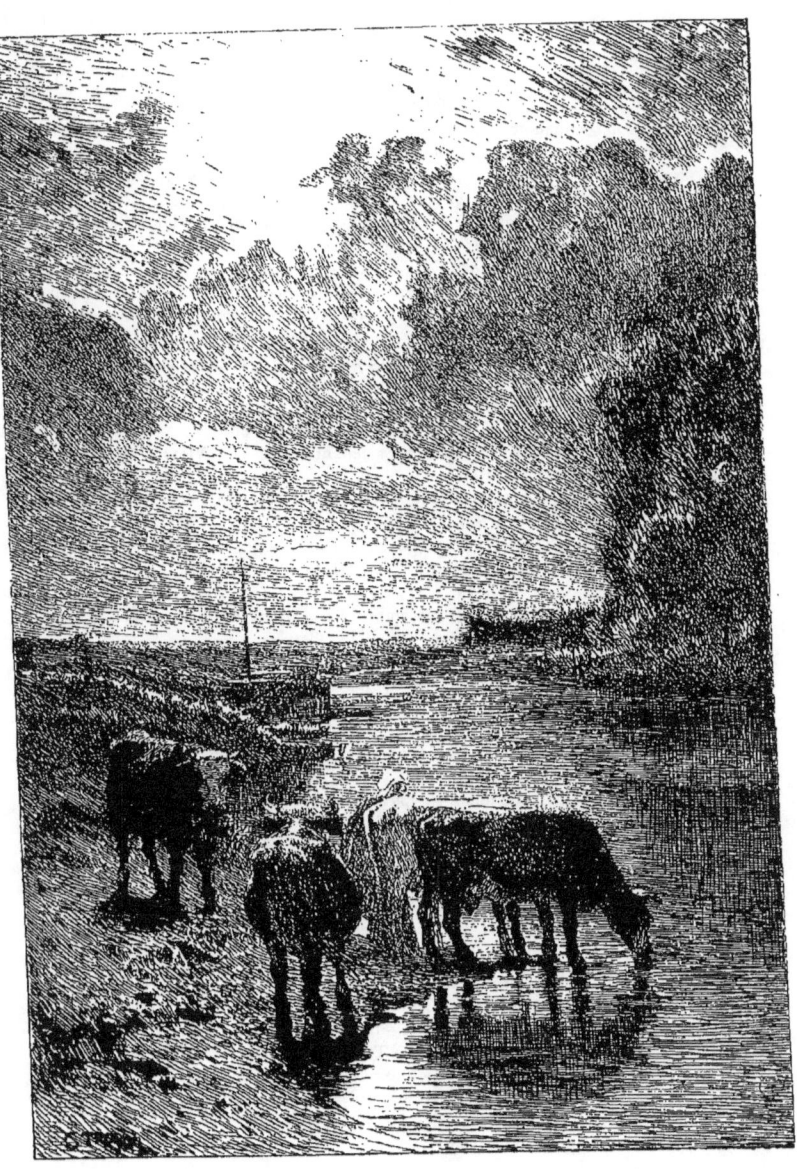

L'ABREUVOIR.
Fac-similé d'une eau-forte de Léopold Flameng, d'après le tableau de Troyon.

toiles de la seconde collection Laurent-Richard adjugées, un peu avant, dans les conditions suivantes : *Animaux au pâturage*, 46,000 fr.; *Berger gardant ses moutons*, 30,000 fr.; *Berger ramenant son troupeau*, 17,900 fr.; *le Retour à la ferme*, 23,000 fr.; *Pâturage aux environs de Honfleur*, 7,600 fr.

Des *Bœufs au labour*, de la collection Hermann, reparaissent à l'Hôtel en février 1879 et sont adjugés 17,800 fr. Ce seront les seules œuvres importantes de Troyon dont nous aurons, cette année-là, occasion de signaler la vente.

Quatre grandes ventes marquèrent l'année 1880. A la première, celle de la collection du baron de Beurnonville (avril), figurèrent quatre Troyon qui atteignirent les prix suivants : *le Retour à la ferme*, 29,000 fr.; *la Rentrée à la ferme le soir*, 14,300 fr.; *Vache blanche tachée de roux*, 8,000 fr.; *le Nouveau-né*, 15,500 fr.

Au mois de mai, c'était M. Martin Coster, consul général de Hollande, qui vendait sa galerie. *L'Arc-en-ciel* y fut vendu 22,100 fr.

A Bruxelles, des *Chevaux*, appartenant à M. Van Vloten, atteignirent 15,000 fr.

Puis, en juin, des *Moutons au pâturage*, appartenant à Mme Martin, furent acquis au prix de 2,050 fr.

Le bilan de l'année 1881 est le suivant :

VENTE EVERARD (Durand-Ruel et J. Hollander, experts). Avril. *Animaux au pâturage*, 9,200 fr.; *le Pont*, 11,000 fr.

COLLECTION DAGNAN (18 décembre). *L'Abreuvoir*, 26,000 fr.; *Paysage avec mares*, 4,500 fr.

Celui de l'année 1882 n'est guère plus important.

VENTE DE LA DUCHESSE DE BAJANO (janvier). *Le Bac*, vue prise de Bonnières, provenant de la vente Troyon, 20,200 fr.

VENTE MOREAU-CHASLON (février). Étude au pastel signée du monogramme C. T., représentant une vache dans un pâturage, 1,020 fr.

VENTE ÉDOUARD FOULD (mars). *Sur la falaise*, 720 fr.

VENTE TH. LEROY (mai). *Paysage*, première manière, 2,220 fr.

En 1883, *les Bûcherons* atteignent 8,055 fr. Quand M. B. Narischkine vend sa collection, M. Viot paie *l'Abreuvoir* 80,000 fr.; MM. Arnold et Tripp, *la Route du marché*, 42,500 fr.

Les Taureaux au repos dans un pâturage, que Charles Blanc avait achetés à la vente Troyon, sont, après la mort de l'ancien directeur des Beaux-Arts, adjugés à 4,500 fr.

Le 22 mai, lors de la nouvelle vente de M. de Beurnonville, *le Coup de soleil avant l'orage*, h. 0,25, l. 0,32, monte à 7,300 fr.

Le 14 décembre, Me Paul Chevallier adjuge à 63,000 fr. un *Chien de chasse saisissant un canard*, signé C. Troyon et daté de 1860. (Toile, h. 1,60, l. 1,30.)

L'année 1884 ne voit point de Troyon exposé à l'Hôtel. Mais, en janvier 1885, *l'Abreuvoir*, que M. Kœchlin avait acheté à un Californien, est adjugé à M. Bertin pour 16,200 fr. Puis, en avril, *Allant à l'abreuvoir*, de la collection Brustlein, est acquis pour 16,000 fr.

Commençons l'année 1886, en passant l'Atlantique. On réalise à New-York la collection de Mme Mary J. Morgan. Six Troyon y figurent. Ils sont adjugés dans les conditions suivantes : *Côtes près de Villers,* 8,100 dollars; *Retour à la ferme,* 6,550 dollars, acheté 2,000 dollars à M. Bernheim jeune, à Paris ; *Pâturage,* 7,100 dollars ; *Retour à la ferme,* 2,550 dollars ; *Pâturage en Normandie,* 6,350 dollars; *Vache poursuivie par un chien,* 9,100 dollars, à M. Knœdler, vendue, en 1877, 2,400 dollars par M. Sedelmeyer.

Revenons à Paris et poursuivons notre énumération par ordre chronologique.

12-15 avril. COLLECTION PREMSEL.

L'Abreuvoir. — Dans un paysage accidenté et verdoyant qu'éclaire un soleil doré, des vaches, sous la garde d'une petite paysanne, traversent une mare. Au second plan, arbres se détachant sur un ciel nuageux. Signé à gauche. Toile, h. 0,76, l. 1,02, 52,000 fr., à M. Bague.

22 mai. COLLECTION DEFOER.

Pâturage. — Une belle vache normande se tient debout, au bord d'un ruisseau, la tête tournée vers la plaine ; près d'elle, un veau blanc éclairé en pleine lumière et, plus loin, le reste du troupeau disséminé dans le pâturage, sous un ciel chargé de vapeurs. Bois, h. 0,53, l. 0,71. Provenant de la collection Schulte, et passé ensuite dans la collection Ury de Gunzburg, 33,000 fr.

Bœuf allant au pâturage. — Un bœuf blanc, taché de roux sur la tête et l'encolure, arrive presque de face dans un sentier en pleine campagne. Une vache noire enfoncée dans l'herbe jusqu'au poitrail le suit à travers champs. Au loin, quelques moissonneurs travaillent dans la plaine, sous un ciel bleu, légèrement voilé par les vapeurs du matin. H. 0.26, l. 0,34 (Collection Ury de Gunzburg), 17,200 fr.

25 mai. COLLECTION VIOT.

L'Abreuvoir, payé 35,000 fr. en 1877, à la vente Suermondt, 80,000 fr. en 1883, à la vente Narischkine, est adjugé à 78,000 fr.

L'Arc-en-ciel est adjugé à son tour à 21,000 fr.

En 1887 (juin), a lieu la vente de la comtesse de Nadaillac. Un seul Troyon y figure. Le catalogue le décrit ainsi :

Plage à marée basse. — Des pêcheurs circulent sur la plage, l'un portant un panier de poissons, les autres tenant leurs filets suivent les vagues qui se retirent sur la droite. Le soleil perçant les nuages éclaire un petit village que l'on aperçoit dans le fond. Signé à gauche. Bois, h. 0,24, l. 0,32. Ce tableau atteint 1,400 fr.

En septembre, à Munich, à la vente Salm-Refferscheid, le Musée de Francfort achète un important Troyon pendant que M. Bernheim jeune se rend acquéreur d'une *Vache noire,* esquisse, au prix de 9,400 fr. ; de *la Vanne,* paysage, moyennant 4,000 fr.

En février 1889, *la Promenade des poules,* qui faisait partie de la collection Boulanger, h. 0,40, l. 0,28, a été adjugée à 10,000 fr.; — le *Bétail normand,* provenant de M. Knoedler, 3,050 dollars, à la vente Stebbins, qui a eu lieu le 11, à New-York.

A la vente A. Dreyfus reparaissait, le 29 mai 1889, le *Passage du bac*, provenant de la collection du baron Michel de Trétaigne. Il était adjugé à 100,000 fr. Venaient ensuite *la Route du Marché*, 62,000 fr.; *Pâturage*, 28,000 fr.; *Relais de chiens*, de la galerie Gsell, de Vienne, 16,500 fr.; enfin, des *Pêcheurs de crevettes*, de la même galerie, vendus 2,200 fr.

Un certain nombre de Troyon figuraient dans la collection Secrétan, vendue les 1er, 2 et 3 juillet 1889, à Paris; et, le 17, à Londres.

Voici leurs prix d'acquisition :

Le Passage du gué. (Collection Krupp. H. 0,97, l. 1,29.) — 129,000 fr.

Vaches au pâturage. Collection du baron Liebermannn. H. 0,96, l. 1,30. — 45,000 fr.

Le Chien d'arrêt, acheté 4,500 fr. au Salon de 1855, passé dans la collection Prosper Crabbe, à Bruxelles. H. 1,62, l. 1,29. — 70,000 fr.

Pâturage normand, daté de 1852 et provenant de la collection Laurent-Richard. H. 0,39, l. 0,45. — 31,500 fr.

La Descente des vaches, de la collection Painel. H. 0,43. l. 1,35 1/2. — 37,100 fr.

Berger ramenant son troupeau, daté de 1849 et provenant des collections Collot et J. Faure (1873). H. 0,45, l. 0,35. — 13,500 fr.

La Basse-cour. H. 0,36, l. 0,27. — 39,200 fr.

Le Garde-chasse. — 54,500 fr., à M. Boussod.

Les Hauteurs de Suresnes. — 79,500 fr., à M. Agnew, de Londres.

Édouard Frère possédait une esquisse de Troyon. Après son décès, elle fut vendue, le 30 novembre, 1,300 fr.

En 1890, après la mort de Jules Dupré, un fusain de Troyon, donné par ce dernier au maître de l'Isle-Adam, et représentant un *Intérieur de ferme*, est vendu 520 fr.

Le 25 février suivant, à la vente de M. Jules Dieterle, une série de Troyon passent sous le feu des enchères. C'est d'abord une superbe esquisse de la *Vallée de la Touques*, adjugée 3,000 fr.; — un *Paysage; forêt de Fontainebleau*, 900 fr.; — une *Mare sous bois*, 1,980 fr.; — des *Saules et des peupliers; effet du matin*, 1,350 fr.;—une étude de *Laboureurs au soleil couchant*, 510 fr.; — une étude de *Vaches* qui avait été adjugée à 115 fr. à la vente de l'atelier de Troyon (n° 275), 620 fr.; — une *Marine* également adjugée à 133 fr. à la vente de l'atelier de Troyon (n° 355), 400 fr.; — enfin, un *Clair de lune*, peint sur une porte de meuble et représentant les hauteurs du Bas-Meudon, 400 fr.

Le 17 mars, un *Chemin creux*, étude, est vendu 510 fr.

Le 31, la *Gardeuse de dindons* repasse à l'hôtel Drouot. Elle atteint 9,500 fr.

Le 3 mai, à la vente Bonnemaison-Bascle, un paysage de Troyon, *Près Sèvres*, est vendu 1,400 fr.

Heilbuth possédait trois Troyon. Après sa mort, ils furent vendus, une étude de *Vaches*, 900 fr.; — des *Chiens de berger*, 2,070 fr.; — des *Vaches au bord d'une mare*, 3,250 fr.

Le 24 mai, un *Chien au terrier*, de la collection Carvalho, est vendu 11,000 fr.

Le 12 juin, à la vente de la collection de M. Prosper Crabbe, de Bruxelles, figurèrent trois tableaux de Troyon, *le Garde-chasse et ses chiens*, adjugé à 40,000 fr.; — *le Départ pour le marché*, 65,000 fr., — et *la Vache blanche*, 85,000 fr.

Le 13 décembre, une *Marine* provenant de la vente de l'atelier de Troyon, — une simple étude — est vendue 205 fr.

Le 31 janvier suivant, des *Chiens couplés*, esquisse, provenant également de l'atelier de Troyon, sont adjugés 600 fr.

Le 11 février, à la vente Seney, à New-York, la *Meute* est acquise pour 60,000 fr. par M. Wedener; — *la Vache rouge* est vendue 11,000 fr.; — *l'Orage*, 5,125 fr.; — *l'Entrée du bois*, 5,500 fr.; — le *Berger sur la lisière du bois* atteint 10,500 fr.; — un *Soleil couchant*, daté de 1851, est acheté 14,500 fr., par M. Durand-Ruel; — le *Moulin à vent* atteint 4,500 fr.; — *le Chariot d'eau*, 12,750 fr.; — le *Troupeau*, 3,750 fr.; — un *Clair de lune*, 5,250 fr.; — un *Mouton*, 5,125 fr.; — la *Vieille Ferme* est vendue 12,250 fr. à M. Knœdler; — *En été*, 16,750 fr., à M. Bartlett.

Dans la collection Noël, vendue à Paris, le 23 du même mois, figuraient deux Troyon : un *Sous bois*, paysage avec figures, et *la Forêt*. Ils sont adjugés, le premier, à 4,000 fr.; le second, à 11,200 fr.

Dans la collection Boussaton, vendue le 5 mai, nous trouvons un petit paysage, *A Chaville*; il est adjugé à 250 fr.

Nous avons vu plus haut que Van Marcke possédait, outre un certain nombre de dessins et de croquis de Troyon, des tableaux de son maître. A sa vente qui eut lieu le 13 mai 1891, nous relevons les prix suivants :

L'Heure de la traite, 10,000 fr., — *Vache et son veau*, étude sur panneau, 1,500 fr.; — *Départ pour les champs*, esquisse, 900 fr.; — *le Torrent*, peinture à l'essence, 510 fr.; — *Paysage oriental*, à l'essence, 750 fr.; — *la Ronde de nuit*, d'après Rembrandt, dessin rehaussé de gouache, 1,600 fr.; — *le Chemin de la mare*, pastel, 710 fr.; — *l'Entrée de la ferme*, pastel, 360 fr.; — *Allée du parc de l'ancienne manufacture de Sèvres*, pastel, 310 fr.

Le 2 juin, à la vente George, d'Ay, la *Vache rousse* est vendue 21,500 fr.

Le 5, à la vente de la collection Rœderer, on adjuge le *Pâturage en Normandie*, à 67,000 fr.; — *l'Abreuvoir*, 46,500 fr.; — le *Retour à la ferme*, 55,000 fr.; — la *Mare aux canards*, 81,000 fr.; — une étude de *Moutons*, 16,200 fr.; — une autre, 4,000 fr.; — enfin, un dessin, une *Plage*, 230 fr.

M. Henri Hecht possédait un Troyon : un *Pâturage en Normandie*. Le 8 juin, il fut vendu 2,400 fr.

L'année 1892 est inaugurée par une vente insignifiante: *Un Retour de marché* adjugé à 5,100 fr., le 19 février.

Le 25 du même mois, le *Pâturage aux environs de Honfleur* est vendu 26,700 fr.

Le 11 mars, c'est une esquisse, *Vaches à l'abreuvoir*, qui est vendue 5,200 fr.

Le 28, à la vente de la collection du baron Mourre, *l'Heure de la traite* est adjugée 10,000 fr.; — et *la Barrière*, 15,300 fr.

Le 7 avril, des *Vaches couchées dans la vallée de la Touques* atteignent 14,000 fr.; — une esquisse de *Vaches*, 2,400 fr. Le même jour on vend un *Sous bois*, étude, 3,000 fr.

Le 11, c'est un *Troupeau*, étude, qui est vendu 4,100 fr.; — puis un *Taureau*, 5,000 fr.

Le 9 mai, vente de la collection Hulot. On y adjuge : *la Rentrée du troupeau*, 33,500 fr.; — *la Barrière*, 3,000 fr; — *l'Enfant endormi*, 800 fr.; — un *Paysage*, 500 fr.

L'Approche de l'orage, qui figurait dans la collection Daupias, est vendue 100,000 fr. le 16 mai, et *le Barrage*, 500 fr.

Dans la collection d'Alexandre Dumas fils, vendue le 13 mai, nous relevons les œuvres suivantes : *Pâturage*, 11,500 fr.; — *Vaches s'abreuvant*, 520 fr.; — *le Bac*, 600 fr.; — *les Landes*, 525 fr.; — *Vache rousse*, 300 fr.

Quelques jours après, un *Avant l'orage*, de la collection Bellino, est vendu 13,000 fr.

A la vente Cottier, de Londres, qui a eu lieu à Paris, dans la galerie Durand-Ruel, on adjuge deux études : un *Crépuscule*, 11,000 fr., et un *Paysage*, 1,950 fr.

Le 2 juin, les *Vaches au pâturage*, de la galerie Barbedienne, sont vendues 33,100 fr.

Le 10, des *Vaches à l'abreuvoir* sont adjugées à 7,200 fr.

Le 12 décembre, on vend la collection de la baronne de Gunsburg. Le *Pâturage en Touraine* y atteint 73,200 fr.

Le premier semestre de l'année 1893 n'a été marqué que par quatre ventes. Le 19 avril, des *Bestiaux au pâturage*, de la collection du marchand de tableaux François Van der Donckt, de Bruxelles, ont été adjugés à 36,000 fr. — Le 27 mai, *Un Bœuf*, de la collection Coquelin aîné, 19,500 fr.

A New-York, à la vente Knœdler, *Sur le chemin du marché* fut vendu 18,100 fr.

Enfin, le 14 juin, un tableau de Troyon peint sur bois (55 sur 65 cent.), ayant pour titre : *En route pour le marché*, a été adjugé à 41,000 fr.

Voilà l'ensemble des renseignements que nous avons pu réunir. Notre seul vœu est que ce travail documentaire de reconstitution, sans autre prétention que celle de l'inédit, trouve grâce devant les collectionneurs, à l'intention desquels il a été entrepris.

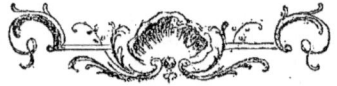

Je reconnais avoir reçu de M. ... la somme de vingt cinq francs pour prix qu'il m'est due celui ... St Martin ... 11 Novembre 1855

Paris ce 11 Novembre 1855

C. Troyon

Troyon détestait d'écrire. C'est dire que ses autographes sont rarissimes. Nos recherches seraient restées vaines si Mᵐᵉ Van Marcke de Lummen, veuve de l'éminent élève du maître, n'avait eu l'extrême obligeance de nous confier le reçu que nous reproduisons ici.

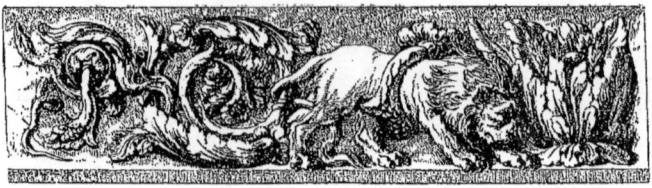

BIBLIOGRAPHIE

On n'a guère écrit sur Troyon. Des appréciations sur ses diverses participations aux Salons, perdues dans les journaux, de très courtes notices et à l'époque de sa mort des biographies sommaires, deux études sur le maître, par Charles Blanc et par M. Paul Mantz, que nous avons eu occasion de citer au cours de ce travail, tel est le bilan bibliographique que nous ayons à dresser.

La première de ces études, celle de M. Charles Blanc, a paru dans son volume *les Artistes de mon temps*, Paris, Didot, 1876, un volume in-8°.

La seconde, celle de M. Paul Mantz, a paru dans la *Gazette des Beaux-Arts*.

Pour les ventes, nous avons consulté, outre les journaux d'art, le *Trésor de la Curiosité*, de Charles Blanc; le Catalogue de l'atelier de Troyon, annoté par le baron Davillier, qui appartient à la Bibliothèque nationale; *l'Hôtel Drouot*, de M. Paul Eudel; les Catalogues des grandes ventes publiés à ce jour, ainsi que les revues et journaux que nous avons cités à la page 45.

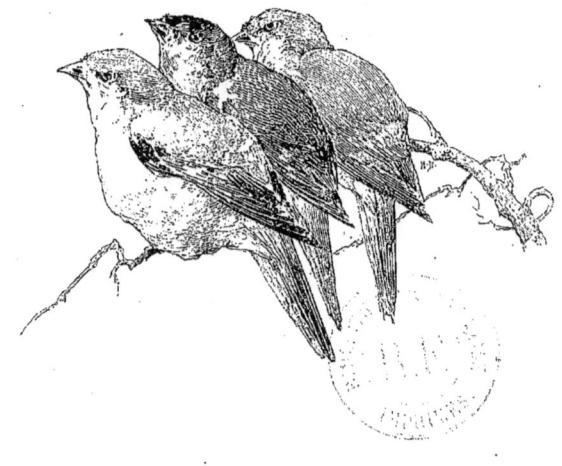

TABLE DES GRAVURES

Constant Troyon . . . . *En regard du titre.*
Paysan conduisant des bestiaux 5
Tobie et l'Ange. 7
Le Départ pour le marché 9
Bœufs au labour 11
Le Nouveau-né 12
L'Abreuvoir 13
L'Œil du maître 14
Étude de moutons 15
Au pâturage 18
La Mare aux canards 19
Moutons au repos 21
Le Matin 23
Le Chien d'arrêt 25
Bœufs allant au labour 27
Pâturage en Normandie 29
Le Garde-chasse 30
Tête de bélier 31
Berger ramenant son troupeau 33
Le Bateau de pêche 35
La Charrette 37
Vaches allant aux champs 39
Vaches au pâturage 41
L'Abreuvoir 43
Attelage de bœufs 45
Constant Troyon 46
Le Passage du gué 47
La Basse-cour 49
Descente de vaches 51
L'Abreuvoir 53
Chien de chasse 55
Le Retour à la ferme 57
La Vache qui se gratte 59
Pâturage 61
Au pâturage 63
L'Abreuvoir 65
Pâturage normand 67
Repos 69

En Normandie 71
Les Hauteurs de Suresnes 73
La Mare 75
L'Abreuvoir 77
Autographe de Troyon 83

GRAVURE HORS TEXTE

Sur le chemin du marché. — *Entre les pages* . . . . 48 et 49

FIN DE LA TABLE DES GRAVURES

TABLE DES MATIÈRES

CHAPITRE PREMIER

La jeunesse de Troyon. — A la manufacture de Sèvres. — Premiers envois au Salon. — Troyon fait la connaissance de Camille Roqueplan. — Voyages dans le Limousin, en Sologne et en Bretagne. 5

CHAPITRE II

Troyon fait la connaissance de Th. Rousseau et de Jules Dupré. — L'influence de ces deux peintres sur lui. — A Fontainebleau. — Voyages en Belgique et en Hollande. — Tête-à-tête avec Paul Potter, Albert Cuyp et Rembrandt. 11

CHAPITRE III

Le *Moulin*. — Comment Troyon fut fait chevalier de la Légion d'honneur. — Le succès. — En Normandie — *La Vallée de la Touques*. — En Touraine. — Les *Bœufs au labour*. — *Le Départ pour le marché*. — Le *Retour à la ferme* 18

CHAPITRE IV

Expositions de province et de l'étranger. — *Le Chariot de foin*. — Mort de Troyon. — Nature de son talent. — La palette de Troyon. — Troyon et Eugène Delacroix. — La galerie de Troyon. — Ses habitudes de travail. — Chez M. Loisel. — Quelques souvenirs de M. Fillonneau. 27

CHAPITRE V

Expositions. — Musées. — Collections particulières. — Ventes publiques. . . . 45
BIBLIOGRAPHIE 84

FIN DE LA TABLE DES MATIÈRES

Paris. — Imp. de l'Art. E. MOREAU et Cⁱᵉ, rue de la Victoire, 41.

BIOGRAPHIES, NOTICES CRITIQUES ET CATALOGUES
PUBLIÉS SOUS LA DIRECTION DE M. PAUL LEROI

OUVRAGES PUBLIÉS :

Donatello, par M. Eugène MUNTZ, 48 gravures. 5 fr.; relié, 8 fr.; 100 ex. Japon, 15 fr.
Fortuny, par M. Charles YRIARTE, 17 gravures. 2 fr.; relié, 4 fr. 50; 100 ex. Japon, 7 fr.
Bernard Palissy, par M. Philippe BURTY, 20 gravures. 2 fr. 50; relié, 5 fr.; 100 ex. Japon, 7 fr.
Jacques Callot, par M. Marius Vachon, 51 gravures. 3 fr.; relié, 6 fr.; 100 ex. Japon, 9 fr.
Pierre-Paul Prud'hon, par M. Pierre GAUTHIEZ, 34 grav. 2 fr. 50; relié, 5 fr.; 100 ex. Japon, 7 fr.
Rembrandt, par M. Émile Michel, 41 gravures. 5 fr.; relié, 8 fr.; 100 ex. Japon, 15 fr.
François Boucher, par M. André Michel, 44 gravures, 5 fr.; relié, 8 fr.; 100 ex. Japon, 15 fr.
Édelinck, par M. le Vicomte Henri DELABORDE, 34 gravures. 3 fr. 50; relié, 6 fr. 50; 100 ex. Japon, 10 fr.
Decamps, par M. Charles CLÉMENT, 57 gravures. 3 fr. 50; relié, 6 fr. 50; 100 ex. Japon, 10 fr.
Phidias, par M. Maxime COLLIGNON, 45 gravures. 4 fr.; relié, 7 fr. 50; 100 ex. Japon, 12 fr.
Henri Regnault, par M. Roger MARX, 40 gravures. 4 fr.; relié, 7 fr.; 100 ex. Japon, 12 fr.
Jean Lamour, par M. Charles COURNAULT, 26 gravures. 1 fr. 50; relié, 4 fr.; 100 ex. Japon, 4 fr.
Fra Bartolommeo della Porta et Mariotto Albertinelli, par M. Gustave GRUYER, 21 gravures. 4 fr.; relié, 7 fr.; 100 ex. Japon, 12 fr.
La Tour, par M. CHAMPFLEURY, 15 gravures. 4 fr.; relié, 7 fr.; 100 ex. Japon, 12 fr.
Le Baron Gros, par M. G. DARGENTY, 25 gravures. 3 fr. 50; relié, 6 fr. 50; 100 ex. Japon, 10 fr.
Philibert de L'Orme, par M. Marius VACHON, 34 grav. 2 fr. 50; relié, 5 fr.; 100 ex. Japon, 7 fr.
Joshua Reynolds, par M. Ernest CHESNEAU, 18 gravures. 3 fr.; relié, 6 fr.; 100 ex. Japon, 9 fr.
Ligier Richier, par M. Charles COURNAULT, 22 gravures. 2 fr. 50; relié, 5 fr.; 100 ex. Japon, 7 fr.
Eugène Delacroix, par M. Eugène VÉRON, 40 gravures. 5 fr.; relié, 8 fr.; 100 ex. Japon, 15 fr.
Gérard Terburg, par M. Émile Michel, 34 gravures. 3 fr.; relié, 6 fr.; 100 ex. Japon, 9 fr.
Gavarni, par M. Eugène Forgues, 23 gravures. 3 fr.; relié, 6 fr.; 100 ex. Japon, 9 fr.
Velazquez, par M. Paul LEFORT, 34 gravures. 5 fr. 50; relié, 8 fr. 50; 100 ex. Japon, 15 fr.
Paul Véronèse, par M. Charles YRIARTE, 43 gravures. 3 fr. 50; relié, 6 fr. 50; 100 ex. Japon, 12 fr.
Van der Meer, par M. Henry HAVARD, 9 gravures. 1 fr. 50; relié, 4 fr.; 100 ex. Japon, 4 fr.
François Rude, par M. Alexis BERTRAND, 29 gravures. 4 fr. 50; relié, 7 fr. 50; 100 ex. Japon, 12 fr.

Turner, par M. Philip Gilbert HAMERTON, 20 gravures. 3 fr. 50; relié, 6 fr. 50; 100 ex. Japon, 10 fr.
Barye, par M. Arsène ALEXANDRE, 32 gravures. 4 fr.; relié, 7 fr.; 100 ex. Japon, 12 fr.
Hobbema et les paysagistes de son temps en Hollande, par M. Émile MICHEL, 12 gravures. 3 fr. 50; relié, 5 fr.; 100 ex. Japon, 7 fr.
Jacob Van Ruysdael et les paysagistes de l'École de Harlem, par M. Émile MICHEL, 21 gr. 3 fr. 50; relié, 6 fr. 50; 100 ex. Japon, 10 fr.
Fragonard, par M. Félix NAQUET, 20 gravures. 3 fr.; relié, 6 fr.; 100 ex. Japon, 9 fr.
Madame Vigée-Le Brun, par M. Charles PILLET, 20 gr. 2 fr. 50; rel., 5 fr.; 100 ex. Japon, 7 fr. 50.
Corot, par M. L. Roger MILÈS, 30 gravures. 3 fr. 50; relié, 6 fr. 50; 100 ex. Japon, 10 fr.
Antoine Watteau, par M. G. DARGENTY, 75 gravures. 6 fr.; relié, 9 fr.; 100 ex. Japon, 15 fr.
Abraham Bosse, par M. Antony VALABRÈGUE, 41 gravures. 4 fr.; relié, 7 fr.; 100 ex. Japon, 12 fr.
Les Brueghel, par M. Émile MICHEL, 54 gravures. 4 fr.; relié, 7 fr.; 100 ex. Japon, 12 fr.
Les Audran, par M. Georges DUPLESSIS, 41 gravures. 3 fr. 50; relié, 6 fr. 50; 100 ex. Japon, 10 fr.
Raffet, par M. F. LHOMME, 155 gravures. 8 fr.; relié, 11 fr.; 100 ex. Japon, 20 fr.
Les Clouet, par M. Henri BOUCHOT, 37 gravures. 3 fr.; relié, 7 fr.; 100 ex. Japon, 9 fr.
Les Van de Velde, par M. Émile MICHEL, 73 grav. 4 fr. 50; relié, 7 fr. 50; 100 ex. Japon, 12 fr.
Charlet, par M. F. LHOMME, 78 gravures, 4 fr.; relié, 7 fr.; 100 ex. Japon, 12 fr.
J. B. Greuze, par M. Ch. NORMAND, 69 gravures. 4 fr. 50; relié, 7 fr. 50; 100 ex. Japon, 12 fr.
Les Huet, par M. E. GABILLOT, 177 gravures. 10 fr.; relié, 13 fr.; 100 ex. Japon, 25 fr.
Les Boulle, par M. Henry HAVARD, 40 gravures. 4 fr.; relié, 7 fr.; 100 ex. Japon, 12 fr.
Philippe et Jean-Baptiste de Champaigne, par M. A. GAZIER, 55 gravures. 3 fr. 50; relié, 6 fr. 50; 100 ex. Japon, 12 fr.
Les Frères Van Ostade, par Mlle Marguerite Van de WIELE, 65 gravures. 3 fr. 50; relié, 6 fr. 50; 100 ex. Japon, 12 fr.
Les Moreau, par M. A. MOUREAU, 107 grav. 4 fr. 50; relié, 7 fr. 50; 100 ex. Japon, 12 fr.
Les Cochin, par M. S. ROCHEBLAVE, 142 grav. 6 fr.; relié, 10 fr.; 100 ex. Japon, 20 fr.
Troyon, par M. A. HUSTIN, 43 gravures. 4 fr.; relié, 7 fr.; 100 ex. Japon, 12 fr.

EN PRÉPARATION :

Polyclète, par M. PARIS.
F. J. Heim, par M. Paul LAFOND.
Le Corrège, par M. André MICHEL.
Memling, par M. Paul LEPRIEUR.
Gustave Courbet, par M. Abel PATOUX.
Les Lenain, par M. Antony VALABRÈGUE.
Les Tiepolo, par M. Henry de CHENNEVIÈRES.
Albert Durer, par M. Paul LEPRIEUR.
Lancret, par M. G. DARGENTY.
Roger Van der Weyden, par M. Alph. WAUTERS.
Pater, par M. G. DARGENTY.
A. Vander Meulen, par M. Alphonse WAUTERS.
Topffer, par M. F. LHOMME.
Les Nattier, par M. Ch. NORMAND.
Les Holbein, par M. Paul LEPRIEUR.
Bernard Van Orley, par M. Alphonse WAUTERS.
Chardin, par M. Ch. NORMAND.
Les Gendres de Boucher : P. A. Baudouin et J. B. Deshays, par M. Ch. NORMAND.
Oudry et Desportes, par M. Ch. NORMAND.
Les Cranach, par M. Paul LEPRIEUR.
Jules Dupré, par M. A. HUSTIN.
J. F. Millet, par M. Émile MICHEL.
Diaz, par M. A. HUSTIN.
Th. Rousseau, par M. Émile MICHEL.
Daubigny, par M. A. HUSTIN.
Jean Bologne et son École, par M. Émile MOLINIER.
David, par M. Charles NORMAND.
Benvenuto Cellini, par M. Émile MOLINIER.
Le Pinturicchio, par M. André PÉRATÉ.
Luca Signorelli, par M. H. MEREU.
Sandro Botticelli, par M. André PÉRATÉ.
Pigalle, par M. S. ROCHEBLAVE.
Hubert-Robert, par M. C. GABILLOT.
Le Guerchin, par M. H. MEREU.

Puget, par M. S. ROCHEBLAVE.
Les Vernet, par M. Albert MAIRE.
Lesueur, par M. S. ROCHEBLAVE.
Les Mansard, par M. Albert MAIRE.
Le Brun, par M. S. ROCHEBLAVE.
P. P. Rubens, par M. F. LHOMME.
Ingres, par M. Jules MOMMEJA.
Les Mignard, par M. Albert MAIRE.
Le Bernin, par M. L. BOSSEBŒUF.
Raphael, par M. H. MEREU.
Carpeaux, par M. Paul FOUCART.
Ferdinand Gaillard, par M. Georges DUPLESSIS.
Robert Nanteuil, par M. Georges DUPLESSIS.
Debucourt, par M. Henri BOUCHOT.
John Constable, par M. Robert HOBART.
Germain Pilon, par M. A. FONT.
Jean Goujon, par M. A. FONT.
Hogarth, par M. F. RABBE.
Wilkie, par M. F. RABBE.
Praxitèle, par M. Maxime COLLIGNON.
Gainsborough, par M. Walter ARMSTRONG.
Falconnet, par M. Maurice TOURNEUX.
Miron, par M. Pierre PARIS.
Scopas, par M. PARIS.
Lysippe, par M. PARIS.
Goya, par M. Paul LAFOND.
Claude Lefèvre, par M. Charles PONSONAILHE.
J. J. Grandville, par M. Félix RIBEYRE.
Les Saint-Aubin, par M. Adrien MOUREAU.
Antonio Canal, par M. Adrien MOUREAU.
Cornelis de Vos, par M. Antony VALABRÈGUE.
Mirevelt et son gendre, par M. Henry HAVARD.
Les Palamèdes, par M. Henry HAVARD.
Benozzo Gozzoli, par M. Adrien MOUREAU.
Daumier, par M. F. LHOMME.

www.ingramcontent.com/pod-product-compliance
Lightning Source LLC
Chambersburg PA
CBHW070159230526
45471CB00002B/729